LA SOCIEDAD, INALTERABLE

(El mito del cambio social – V)

JOSÉ ANTONIO MARTÍNEZ

A Inmasunta y Consuelo,
por hacer posible este proyecto
con su ánimo y paciencia

ÍNDICE

INTRODUCCIÓN

Esta obra es el resultado de la recopilación del contenido incluido en mi blog "El mito del cambio social" durante el último año (de marzo de 2014 a abril de 2015). Habida cuenta que muchas de las entradas del mismo han sido transcripciones de algunas partes de mis obras, junto con algunos otros comentarios sobre la realidad más inmediata y unas pocas pinceladas sobre autores que se caracterizan por una cierta interdisciplinariedad y amplitud de miras sobre el papel de las disciplinas humanas, me ha parecido interesante reunir todo ese material verdaderamente heterogéneo como ilustración de nuestra propuesta metodológica (ciertamente imbuida por un necesario concurso de todas las disciplinas que versan sobre el hombre y la sociedad), en aras de rebajar el efecto que la teoría del cambio social ha ocasionada sobre la comprensión de la realidad del hombre y la sociedad, buscando argumentos y apoyos en los que seguir construyendo nuestra apuesta por una consideración que haga mayor hincapié en los aspectos permanentes de la existencia humana.

Está claro que se trata de un conglomerado parcial y escasamente sistemático, pero entiendo que aglutina frescura e inmediatez junto con reflexiones más profundas, lo que le da un punto de contraste a la teoría, que permite su clarificación.

J.A.M. - 2015

La estabilidad social: nuestra propuesta

Nuestra propuesta teórica se basa en el contenido recogido en parte en nuestras siguientes obras:

. *Permanencia vs. Cambio*
. *El arte, inmutable*
. *Las Nuevas Tecnologías, como siempre*
. *La religión, sin cambios*

En la Grecia clásica se dan los suficientes casos de laboratorio como para abarcar la gran mayoría de las posibilidades de gobierno y de toma de decisiones que desde siempre han constituido la gama de opciones para dirigir colectividades complejas. El discurso teórico desarrollado por los intelectuales griegos, y la materialización de las teorías que ellos mismos llevan a término en su propia geografía, ha tenido y tiene una absoluta vigencia, de modo que la mayoría de los acontecimientos y circunstancias que en la vida política se dan y se han dado, encuentran perfecto acomodo entre los supuestos de hecho contemplados y experimentados por los griegos de ese período clásico.

Decir, pues, que lo que ocurre hoy en día y lo que ocurrió entonces, en esta materia, presenta una semejanza meramente accidental, es bastante inexacto, ya que tanto las formas de gobierno, como los mecanismos e instituciones de aquélla época, relativas a la democracia, o a su "contraria", la tiranía, son la espina dorsal de todas estas cuestiones, y creemos que seguirán siéndolo. Las "diferencias" que se señalan, dándoles un tono tan exagerado, no son mayores que las que alejan casos de gobiernos democráticos entre diferentes países en la actualidad. Es mucho más lo que acerca que lo que aleja esos casos del presente y del pasado, y en lo sustancial los planteamientos teóricos y prácticos son en gran medida idénticos, de forma que relegar lo que ocurrió en aquella época a un mero antecedente anecdótico de la actualidad, como una ilustrativa nota de erudición para presentar cuestiones "actuales", es insuficiente. Estamos hablando sustancialmente de lo mismo, de parcelas de la realidad social con las que el concepto de cambio social no casa en absoluto, haciéndose precisa su urgente revisión, por cuanto sobre él descansa en buena medida el quehacer sociológico.

Por tanto, ante la situación actual de las "ciencias humanas", proponemos una reformulación y una matización del principio fundamental en el que se asientan desde hace tiempo, el del cambio social, promoviendo una forma diferente de afrontar el trabajo en esta materia, sobre una distinta consideración de los fenómenos y hechos sociales, basada en una profunda estabilidad de los mismos.

Si acogemos la tesis de la importancia de la estabilidad social y la subsiguiente matización de la valoración del "cambio social", podemos llegar a unos resultados más ponderados, en donde resultan perfectamente encajables la mayoría de las teorías producidas en las disciplinas humanas, con una recuperación de conceptos y tesis que habitualmente son desechadas por no cuadrar con la vorágine teórica que cada vez más requiere la actual consideración del cambio social.

A resultas de ello, nos encontraremos con un aparato teórico y conceptual bien diferente del que actualmente se maneja, y que en nuestra opinión produce una distorsión del modo de concebir la realidad social. Podremos disponer de un amplio acervo de información estable, contrastada, que nos permitirá dar cuenta de una forma más exacta de la realidad social. Nuestro propósito va en la dirección de recuperar buena parte de toda la información y extraordinario acopio teórico que históricamente se ha venido generando en estas materias, y que en los últimos dos siglos principalmente se ha visto injustamente relegado. Se intenta ofrecer un distinto acercamiento a lo social mediante una nueva formulación metodológica, que no supone desde luego la reutilización sin más de toda la tradición, es preciso un criterio sumatorio claro, aunque únicamente serán desechadas aquellas teorías y concepciones que presenten una incompatibilidad insalvable con el conjunto teórico general, ya que incluso el pensamiento que podamos tener por más desacertado, puede resultar útil en cuanto lección del error, del que tantas veces el hombre ha aprendido históricamente.

Queremos aludir de modo principal a la sociología, porque es la disciplina que hoy parece ser objeto de una exigencia mayor en cuanto al grado de reflejo de lo real, y la que cuenta quizás con un nivel mayor de exactitud confesada en cuanto al mismo. No quiere decirse, en absoluto, que nos alejemos de las demás disciplinas humanas, ya que lo que se intenta aquí es obtener un marco global para todas ellas, para lograr una visión aglutinada de la situación de la realidad social, contando por supuesto también con la aportación de la psicología, de la historia, de la antropología, de la semiótica, de la filosofía, etc.

9

Es una propuesta que no hace seguidismo ni es continuación de otras, sino que establece unos criterios propios, y hoy no encuentra apoyo claro en otras teorías al uso, de aquí que se haya desvinculado de referencias y posturas actuales, por lo que escasean las notas y datos de tipo bibliográfico y empírico.

Se refleja de un modo crítico la actual situación de la investigación en el ámbito de las disciplinas humanas, intentando paliar algunos efectos que la aceptación incondicional del postulado del "cambio social" ha tenido para las mismas, especialmente durante los siglos XIX y XX, de una manera significativa desde la implantación de la dialéctica y de las diferentes teorías que han girado en torno a ese principio, espoleadas por las revoluciones científicas y sociales que arrancan del final del XVIII. Se intenta ofrecer un conjunto de teorías y conceptos que den cuenta de la realidad de un modo diferente al imperante en la actualidad, y que ha de contar con las aportaciones fundamentales de las disciplinas humanas que ahora operan de una manera descoordinada. Únicamente se ha señalado un camino por el que puedan avanzar otros trabajos que deseamos se produzcan cuanto antes, y del que el presente es solo un esbozo.

En definitiva, es una propuesta que incluye un desarrollo teórico, metodológico, en el que se reflexiona sobre las consecuencias de la asunción exagerada de la teoría y del paradigma del "cambio social", a la vez que ofrece un esfuerzo similar para resaltar lo que en la sociedad es permanente. No se ha pretendido una obra únicamente sociológica, sino multidisciplinar, y es principalmente una invitación a la reflexión, más que un catálogo de soluciones concretas que solo se sugieren. Se trata de una visión que esperamos resulte útil y aporte algún elemento positivo que ayude en el relativo marasmo actual de las disciplinas humanas.

Presentación 20/3/2014

La idea

Hay tantas razones para hablar de estabilidad como de cambio social, pero la tendencia a escoger solo este último enfoque en el análisis de la sociedad lleva a las disciplinas humanas a un grave sesgo que las aleja de su propósito fundamental y que las sume en el marasmo actual. La acción coordinada de esas disciplinas, la puesta en común de sus resultados y el abandono del postulado único del cambio social es el camino para recuperar el tiempo perdido.

El mito del cambio social es una propuesta metodológica y analítica que pretende aportar a las teorías del cambio social una nueva perspectiva que tiene su eje fundamental en la estabilidad de lo social, y que quiere restituir a esas teorías el sentido que con frecuencia pierden debido al continuo vaivén del hábitat en que se apoyan. Al propio tiempo esta iniciativa intenta señalar un nuevo escenario para las diferentes disciplinas que tienen como objetivo la comprensión de la realidad humana, ofreciendo el sosiego necesario para mejorar en el entendimiento de la sociedad, en la convicción de que ello solo es posible bajo esa condición.

Va dirigido a cuestionar la extendida opinión de que la sociedad cambia sustancialmente y además lo hace de forma acelerada en los últimos tiempos. Desde el siglo XVIII cobró fuerza esa forma de entender la realidad, dando pie a la aparición de nuevas disciplinas que partiendo principalmente de ese postulado han centrado su actividad en demostrarlo, iniciándose además un proceso de especialización sin límites que ha llevado a la elaboración de gran cantidad de contenidos, muchas veces inconexos y carentes de una referencia común que les dé un imprescindible sentido global.

Es evidente que hay cambios en la sociedad, pero eso siempre ha ocurrido y los mismos obedecen a las naturales alteraciones de las circunstancias y del hábitat, constituyendo una constante que es preciso tener en cuenta debidamente, poniendo freno a la tendencia a exagerar ese aspecto variable, lo que en nuestra época ha originado un verdadero mito (el del cambio social), que se utiliza de forma impropia para ofrecer una pseudo-explicación de la realidad, tratando de paliar el fracaso en el análisis de esa realidad social, pretensión vana en gran medida debido a la naturaleza peculiar y compleja de su inabarcable objeto: el hombre y su vida social.

El Blog

El mito del cambio social es asimismo un blog que pretende ofrecer un **personal** punto de vista sobre el cambio social, basado en la creencia firme de que actualmente se está exagerando el elemento dinámico en detrimento del permanente en la explicación social, lo que da lugar a una considerable distorsión que limita gravemente su alcance. En este sentido, conviene hacer notar que este blog **es básicamente un medio para dar a conocer la postura personal del autor**, y por ese motivo no se reproducen en él otros posts ni otras entradas ajenas, publicadas en otros medios, sin perjuicio de la posibilidad de colaboración que se señala.

13

El blog, como instrumento comunicativo, ofrece unas peculiares y evidentes ventajas que nos han decidido a su uso, con la finalidad de abrir un área de debate más amplia en la que quepa cualquier opinión, coincidente o discordante con la expuesta, y que tendrá reflejo en el mismo, siempre que se exprese con unas elementales normas de respeto a las posturas ajenas y a la legalidad vigente en materia de propiedad intelectual, y en cuanto no vulnere disposiciones de orden penal, administrativo, etc. En todo caso, la responsabilidad derivada de cualquier opinión que sea publicada en el blog será exclusivamente del que la haya emitido, y no del presente blog.

Pretende constituir un lugar en el que se vayan alojando propuestas, trabajos e ideas que permitan configurar un conjunto de aportaciones que favorezcan la comprensión amplia de lo social.

Fijadas esas básicas normas de funcionamiento, solo nos queda animar a participar en el mismo, aportando opiniones, ofreciendo comentarios o formulando las críticas y reproches que se tengan por convenientes, con la seguridad de ser bienvenidos y merecedores de un absoluto agradecimiento.

El blog se estructura en varias partes. Una principal, donde se recoge la teoría que sirve de fundamento a nuestro proyecto y otras en las que se van agrupando por materias (arte, tic y religión) algunos posts en los que se muestra la aplicación de esa teoría general a esas concretas materias. Además, introducimos periódicamente alguna referencia a determinados autores que en nuestra opinión aportan o han aportado elementos valiosos en la comprensión de lo social. Por otra parte, se irán incluyendo opiniones personales sobre temas de actualidad (Título en mayúsculas) en las que se hará uso más o menos coherente con nuestra posición metodológica.

20 de marzo de 2014

"Autores interesantes" 20/3/2014

Cuando incorporamos algún *post* bajo la etiqueta de "autores interesantes", evidentemente lo hacemos desde nuestro personal punto de vista. Lo que a nosotros nos hace apreciar la labor de un autor determinado es fundamentalmente el haber colocado alguna "estaca" que resista o haya resistido erguida el paso del tiempo, y que nos permita asirnos a ella en el proceloso mar de la comprensión del hombre y su vida colectiva. Con ello queremos decir que serán dignos de tener en cuenta aquellos autores cuya labor haya supuesto algo que haya permanecido o que tenga visos de hacerlo ahora y en el futuro, y que represente algún aspecto que nos ayude a mejorar el conocimiento del hombre y de la sociedad

Establecido ese criterio, es evidente que numerosas personalidades pueden caer bajo ese calificativo de "interesantes". Si embargo, la novedad, la inmediatez, la proximidad o la simpatía por sí mismas no supondrán nada si no van refrendadas por los resultados en el sentido expuesto.

Son muchos los autores que han tenido y tienen gran eco histórico, y que sin embargo no son capaces de aguantar una valoración rigurosa pasados unos años, o confrontada su labor con circunstancias que la han puesto a prueba. Hay muchos autores oportunistas o que únicamente utilizan sus conocimientos para defender intereses, simpatías o posturas personales, porque les amamantan o permiten mantener una cómoda posición personal, basándose en el engaño o el uso fraudulento de unos pseudoconomientos, con los que pretenden confundir a grandes masas de la población, sobre todo en disciplinas proclives a originar y fomentar esa confusión, como ocurre especialmente con aquéllas que crean opinión, que decantan conductas y que repercuten directamente en la marcha de las sociedades, como es el caso de la economía y de la sociología, entre otras.

Por desgracia son muchos los autores (de todo signo) que ponen su saber y conocimientos al servicio de una ideología determinada. Contra ello es preciso reaccionar, eso es lo que hay que desenmascarar, y además hay que hacerlo a tiempo, puesto que lo que pretenden es lograr una acción a corto plazo, y de poco sirve hacerlo pasado el momento en que las consecuencias ya sean irreversibles. En este sentido, posiciones teóricas como la de Gadamer, que busca eliminar los prejuicios históricos existentes en el conocimiento, resulta fundamental a la hora de moverse en estos terrenos.

Este es el procedimiento que modestamente seguimos en el presente blog a la hora de subrayar autores, de reseñar nombres de intelectuales a los que valga la pena volver la vista y detenerse en sus consideraciones, por más lejanos que estén en la historia, o por más distantes que puedan resultar a nuestros planteamientos, intereses, modas y gustos personales o actuales, ya que éstos frecuentemente impiden la labor que han de seguir los que se interesan por la auténtica mejora en la comprensión del hombre. Evidentemente es un trabajo difícil, complejo, porque los autores tratan de encubrir a menudo sus verdaderos intereses, y porque a veces la resistencia de esas "estacas" cede pasado mucho tiempo, pero es preciso no cejar en ese empeño, puesto que solo así el esfuerzo puede servir de algo.

La situación actual   20/3/2014

En un primer acercamiento a las "ciencias humanas" (aunque en nuestra opinión sería más propio el calificativo de "disciplinas") y sin una pretensión exhaustiva, cabe hacer referencia a una sensación en cierta medida abrumadora, que puede ser caracterizada por una serie de notas entre las que cabe destacar las siguientes:

Cuando se aborda la problemática relativa al hombre, a su existencia, a la sociedad, el panorama que ofrecen las múltiples disciplinas que se dedican a ello es desalentador. ¿Qué pensar realmente, qué conclusiones podemos extraer? Hay innumerables versiones y aproximaciones, las hay similares y complementarias, y otras muchas antitéticas o que simplemente se ignoran, ¿podemos establecer alguna jerarquía entre ellas?. Ante cualquier cuestión las opiniones son interminables, y hemos de limitar nuestra demanda, hay que precisar si buscamos una respuesta sociológica, filosófica, psicológica, histórica, periodística, literaria, antropológica, etc. Cada una puede extenderse infinitamente en sus discursos, sin referencia a las restantes.

Se ha producido una brecha importante entre las diferentes disciplinas y subdisciplinas, cada una tiene sus especialistas, su público, sus destinatarios, de tal modo que el hombre como objeto global de alguna de ellas no existe, hay una partición en un sinfín de facetas, de apartados, de consideraciones, que dan lugar a un extraordinario acopio de información inconexa. Esa falta de unidad en el tratamiento del objeto es grave, y se echa en falta una consideración conjunta que probablemente produciría conclusiones más ricas, más exactas y más acertadas.

El hombre que es estudiado por el psicólogo, con sus pulsiones, neurosis, hábitos y frustraciones, es el mismo que constituye uno de los elementos componentes del grupo social, del grupo de referencia, de la conducta desviada, del rol social, o del proceso de socialización, interesando al antropólogo o al sociólogo. Es el mismo que interviene en un momento concreto, en unas determinadas circunstancias, en un proceso revolucionario, o que compone una partícula de los acontecimientos objeto de la historia. Es el mismo que utiliza un lenguaje, un sistema de símbolos, constituyendo la materia de la semiótica o de la filosofía del lenguaje. Es también un consumidor, un factor de la oferta y de la demanda, relevante para la economía. Pero además, y dentro de un planteamiento sociológico actual, el hombre también puede encontrarse inmerso en un proceso educativo, interesando al sociólogo de la educación, puede presentar aspectos religiosos que hacen lo propio con el sociólogo de la religión, o puede contribuir a crear un problema demográfico, con lo que será analizado por los expertos en demografía, y así indefinidamente.

Si cada especialista, en legítima utilización de sus conocimientos, plasma los resultados del análisis sobre "su" objeto, nos encontramos con infinidad de páginas disponibles para referirnos a cualquier cuestión de la vida del hombre y de la sociedad. Es imposible que esa información pueda ser considerada, asimilada, asumida y en definitiva pierde eficacia. Podríamos decir que es poco operativo ese gran acopio informativo sobre cualquier materia, más allá de la satisfacción y del beneficio que puede aportar a sus autores y, se puede decir que resulta poco "rentable" tanto conocimiento, aparte de que hay escasas teorías universalmente aceptadas, y siempre hay una para contradecir otra. Qué conclusiones podemos extraer ante tantos especialistas trabajando a destajo, incrementando el acervo de cada disciplina. Se produce una saturación intelectual que genera parálisis entre los "expertos", a pesar de que cada uno, a la vista de ese panorama, suele elegir uno de los muchos caminos que el bosque le ofrece y por ahí continuará ya para siempre, normalmente sin volver la vista atrás ni al lado, y sin considerar que la visión que puede aportar es parcial y sesgada.

La situación en las disciplinas humanas debería ser, pues, de desasosiego y de incertidumbre. Los "cambios sociales" que se predican de un modo tan "incontestable" plantean continuamente retos a los especialistas (sociólogos, politólogos, antropólogos, etc.), que ya no tratan de ir por delante, sino de no perder mucho terreno con esa constante aparición de artefactos o instrumentos tecnológicos que tan rápida acogida tienen entre los ciudadanos y que de modo inmediato les condicionan y afectan tanto. Sin embargo es muy difícil que el marco teórico dibujado por los intelectuales pueda coger el paso de esa vorágine creadora. Para medir los efectos que esos nuevos procedimientos ocasionan, hace falta tiempo y perspectiva, es necesario que se sedimenten, que se mantengan, que haya una mínima permanencia. Pero en el estado actual de los hechos, de la tecnología, lo único que se percibe como "permanente" es la aceleración, la velocidad de la aparición de "sociedades tecnológicas", que suplantan a las anteriores en un lapso de tiempo cada vez más corto, y que obsoletizan no sólo las tecnologías sustituidas, sino también los procedimientos humanos generados por ellas. En estas circunstancias resulta muy complicada la elaboración de alguna teoría que dé cuenta de los hechos que se producen. Generalmente cuando éstas se terminan de elaborar, la realidad ya no es la misma que ha sido tomada como base del estudio, por tanto la aproximación sólo puede referirse, a lo sumo, a situaciones y hechos ya pasados. Si se continúa dando mayor crédito a las apariencias, considerando que la sociedad se encuentra en continuo cambio y movimiento, actualmente más acelerado que en las etapas precedentes, será difícil poder alcanzar un conocimiento de la realidad que sea duradero, exacto y "científico".

Obras, análisis y métodos que han alcanzado notoriedad al hilo del "cambio social" 24/3/2014

Por remontarnos a épocas recientes, podemos señalar, a título simplemente enunciativo, aportaciones importantes de algunos autores cuyas obras hacen referencia a notas fundamentales de la sociedad y que presuponen un cambio sustancial en la misma. Así en 1969, Alain Touraine publica *La sociedad post-industrial;* en 1973, Daniel Bell, *El advenimiento de la sociedad post-industrial,* o anteriormente en 1960, *El fin de la ideología*; en 1980, Yoneji Masuda, *La sociedad de la información como sociedad post-industrial.*

En los años 90 surgen una serie de obras que pretenden dar cuenta de los cambios experimentados tras la caída del muro de Berlín en 1989 y la desmoronación de la URSS y sus países satélites; en este sentido cabe aludir básicamente a dos obras que defendían posturas antagónicas, pero en ambos casos se vislumbra un mundo radicalmente diferente: de una parte *El choque de civilizaciones y la reconfiguración del orden mundial* (1996) de Samuel Huntington [que es un desarrollo de su artículo *El choque de civilizaciones*, publicado en 1993], y de otra parte, *El fin de la Historia y el último hombre* (1992), de Francis Fukuyama [basado en su ensayo *¿El fin de la Historia?,* publicado en 1989 en el periódico "The Nacional Interest"]. Entienden estos autores que lo más destacado de las sociedades será el enfrentamiento entre bloques y civilizaciones, en el caso del primero, y la victoria definitiva del sistema democrático liberal y de Occidente en el caso del segundo, aunque para este autor esa circunstancia tiene una mayor vocación de permanencia y se antoja una situación definitiva, tal como de un modo claro apunta el llamativo título de su obra. En torno a estos dos libros se entabló una célebre polémica que animó muchos debates y tertulias durante bastante tiempo, sin embargo, después de los acontecimientos del 11 de Septiembre de 2001 en Nueva York, parece que la opción de Huntington adquirió mayor relieve.

Asimismo se ha ido implantando una moda gustosa de un cierto "apocalipsismo", que ha hecho aflorar obras que se han colocado en la primera línea en esta materia. Así cabe señalar autores como Jeremy Rifkin, un influyente politólogo norteamericano, que ha editado obras como: *El fin del trabajo* (1995), o *La economía del hidrógeno* (2002). Son numerosos los autores que ante la falta de claridad y pérdida de referencias clásicas en las disciplinas sociales se han lanzado a una búsqueda de la *clave definitiva* que permita dar cuenta de los múltiples cambios que se perciben en la realidad, entre ellos Alvin Toffler, con su célebre *La tercera ola* (1979), que sería encarnada por la sociedad post-industrial.

En otro sentido podemos hacer referencia a obras que parten de la llamada revolución tecnológica, que encuentran en la información y en la comunicación sus puntos clave, y que entre nosotros tiene a Manuel Castells como una de las principales referencias, especialmente con la trilogía que aglutina bajo el título de *La era de la Información* (1997) y con *La Galaxia Internet* (2001).

Por otra parte, Ulrich Beck ha elaborado una extensa obra, en la que destaca *La sociedad del riesgo. Hacia una nueva modernidad* (1986). Otros han optado por una vía diferente, más relacionada con la ideología y con la cultura, especialmente es llamativo el caso de Alain Touraine, que ha efectuado una segunda valoración de la sociedad, actualizando la que ya había hecho en 1969, con *la Sociedad post-industrial*, y que ha reformulado actualmente con *Un nuevo paradigma para comprender el mundo de hoy*, en que la cultura es el eje sobre el que gira la comprensión de la realidad social.

En otro orden de cosas, encontramos análisis sociales de todas las tipologías imaginables, contrapuestos y mutuamente excluyentes. Así, por tomar solo algunos casos, lo que para unos es una manifestación del consenso, del acuerdo social que pretende una armonía universal, para otros es el resultado del conflicto permanente que inevitablemente se da en la sociedad. Unos se centran en el análisis de las estructuras sociales, de los aspectos más generales, y otros abordan el individuo, la acción humana, sus pensamientos, actos o incluso conversaciones.

Hechos sociales de cierta relevancia suelen generar teorías que, apoyándose en ellos, los generalizan y los configuran como determinantes para caracterizar la sociedad. Como hemos visto con anterioridad, tras la caída del muro de Berlín, se habla del *fin de la historia*; o del *choque de civilizaciones*, después de determinados sucesos entre Occidente y el Islam; la aparición de Internet o el desarrollo tecnológico más reciente, lleva a algunos a apuntar el *fin del trabajo* o *la sociedad del hidrógeno*. Otros se muestran contrarios a ese desarrollo técnico, y son pesimistas en torno a la posibilidad del hombre de controlar su historia y diseñar su futuro, en este sentido los autores de la escuela de Frankfurt no veían alternativa a la utopía marxista. Hay quienes se centran en un trabajo menos general, aplican las técnicas de medir al uso y limitan sus resultados a constatar la percepción de ese "cambio constante", sin aventurarse en "teorías arriesgadas que seguro fracasarían con el tiempo". También hay quienes proponen sin más "recopilar teorías", por diversas que éstas sean, "de todas se aprende algo" dicen, aunque falte un criterio selectivo, de síntesis y de ordenación, que hace de ese proceso una ingente labor que no supone avance en el conocimiento, ya que cada postura tiene su contraria o contrarias, y por tanto suelen quedarse en una recopilación erudita. Hay planteamientos que postulan un acercamiento entre el enfoque estructural y el de la acción, una conjunción de esfuerzos "entre lo micro y lo macro", en cierto modo tienen un aspecto positivo, pero no solucionan de modo importante la cuestión, puesto que ambos parten del cambio social, con un acento mayor en el cambio, que en lo social. Otros se centran en el análisis de la conducta humana, viendo la sociedad como un proceso gobernado por la razón, como el resultado del conjunto de las decisiones que los ciudadanos toman ante los interrogantes cotidianos que la vida social les plantea, es desde luego un instrumento de trabajo útil para el propósito de las disciplinas humanas, pero no es suficiente para dar cuenta de la sociedad, para constituir una aportación y explicación de los procesos de la misma. Los hay que hablan de la "debilidad" del pensamiento actual, contraponiéndolo a los grandes sistemas, más filosóficos que sociológicos, desde luego, elaborados en otras épocas, y que consideran superados e inservibles y propugnan la validez de la humildad, del planteamiento limitado, concreto, de la pequeña teoría, para acercarse a la sociedad y su problemática.

La pluralidad de metodologías existentes en las disciplinas humanas podríamos aglutinarlas del siguiente modo: 1. De tipo estructural, que hacen referencia a aspectos genéricos de la sociedad, y que centran su atención en los datos generales, en los grupos, en los procesos globales, en las funciones sociales, aquí podemos incluir a Marx y al marxismo, la Escuela de Frankfurt (En la que destacan autores tales como Horkheimer, Adorno, Marcuse,...) pero también el funcionalismo, con Talcott Parsons o Robert Merton, y donde también cabe mencionar a Durkheim, el estructuralismo, etc. 2. Desde el punto de vista de la acción individual, del sujeto concreto, podemos mencionar toda la corriente fenomenológica que, tomando elementos de Husserl, ha dado lugar a planteamientos como el del interaccionismo simbólico, y a obras como las de G. H. Mead, Schütz, Goffman, Berger y Luckman, o de la etnometodología, con Garfinkel, e incluso posturas más clásicas como la denominada "sociología comprensiva" de Weber, etc. 3. Más recientemente han surgido, entre otras, posturas intermedias como la de la estructuración, de Antony Giddens, que tratan de integrar los planteamientos opuestos y pretenden tomar en consideración las distintas orientaciones metodológicas existentes. 4. En otro sentido, es pertinente traer a colación planteamientos interesantes como los de Feyerabend, que sostiene en su célebre obra *Contra el método*, que todo vale cuando se trata de investigar en esta materia, frente a posturas más decantadas hacia un método determinado como la de Lazarsfeld, que ha contribuido decisivamente a sentar las bases de una metodología de corte cuantitativo. Clifford Geertz considera la importancia del componente artístico e interpretativo en la explicación de los fenómenos de las disciplinas humanas. Importante también en este aspecto ha sido la aportación de Samuel Kuhn con su obra *La estructura de las revoluciones científicas*, que ha venido a matizar de un modo notable la pretendida exactitud de las ciencias de la naturaleza, y ha llamado la atención sobre el carácter socialmente condicionado de sus hallazgos, en función de intereses y circunstancias propias de cada época. Actualmente las metodologías de tipo cualitativo han ganado en protagonismo frente a las cuantitativas que han dominado durante cierto tiempo el panorama en estos ámbitos, de modo que, quizás a la vista de que ninguna de ellas podía dar cuenta de la realidad, se ha tenido que acoger un criterio más amplio, de que todo es admisible siempre que sume información y conocimientos a la comprensión de la sociedad. 5. En el ámbito de la historia, es necesario llamar la atención sobre un cambio sustancial en los modos de acercarse a los hechos estudiados, así desde planteamientos clásicos como los que se daban en esta disciplina, en que la investigación se centraba casi exclusivamente en los hechos más relevantes, en los protagonistas más notables, se ha pasado, de la mano de corrientes como la destacada Escuela de los Annales francesa, a considerar esos hechos en su dimensión más social, estudiando todos los elementos integrantes, incluyendo al conjunto de la población, sus motivaciones, sus opiniones, sus frustraciones, etc. Todo ello es fundamental para dar cuenta de los acontecimientos históricos. En este sentido es reseñable el papel desempañado por Febvre, Bloch, o por Braudel, que ha hecho célebre su distinción en los *tres tiempos* de análisis histórico. De un modo semejante en Gran Bretaña todo un cúmulo de autores de orientación marxista, han tratado cuestiones históricas con notable éxito, y han destacado asimismo la importancia de esos otros aspectos que han popularizado los autores de Annales, podemos significar a E. Hobsbawn, E.P. Thompson o Perry Anderson. En antropología, Marvin Harris, con un planteamiento marxista ha reorientado los estudios en esta disciplina, siguiendo la estela de notables precursores como Franz Boas, Evans-Pritchard, Malinowski o Lévi-Strauss, quien desarrolló una corriente estructuralista que tomaba sus principios de la lingüística.

Ante la creciente acumulación de datos, consecuencia directa del transcurso del tiempo, de la especialización disciplinar, incluso de la actual disposición de los medios técnicos que la hacen mucho más fácil, y espoleada desde luego por la sensación de "cambio continuado de la sociedad", que genera perplejidad e insatisfacción, echamos de menos un posicionamiento más global, sencillo, y duradero, que dé cuenta de la realidad por más tiempo y que nos permita construir con una cierta solidez un cuerpo teórico que se acerque más, en la medida de lo posible y con sus peculiaridades propias, al de otras disciplinas "más científicas", en que el hombre también es su objeto de estudio. Quizás haya que renunciar a algunas observaciones más efímeras, pero aspiramos a conseguirlo centrándonos más en el estudio de la sociedad, de lo sustantivo, que en su movimiento y en su "cambio", más accidental, y así creemos poder dar también posteriormente una idea más exacta de ese cambio y de su verdadero alcance. Consideramos que vale la pena el esfuerzo por comprender esos otros aspectos de la sociedad menos "evidentes", pero más estables y permanentes.

Pese a todo el panorama reflejado anteriormente, hay que decir que la incertidumbre y perplejidad ante lo social se han dado también en otras épocas, aunque ahora tras esa sensación puedan verse los efectos añadidos de dos factores: por una parte, la situación en las ciencias de la naturaleza, habitualmente rodeadas de una mayor exactitud y certidumbre, y cuya comparación ha contagiado a las disciplinas humanas, tradicionalmente menos precisas en sus resultados, y por otra parte la existencia de teorías sociales de pretensiones más exactas, las marxistas, tenidas por más infalibles, y que recientemente han visto cómo ese halo se ha venido abajo, dejando el conocimiento humano huérfano de toda la predicción en su devenir que desde esa concepción se había asegurado.

Hacia una nueva propuesta metodológica en la investigación social 27/3/2014

A primera vista, la mayor parte de los fenómenos sociales modernos parecen tener poco que ver con los precedentes, incrementándose esa sensación en la medida en que ampliamos el ámbito temporal de comparación. El modo en que un joven vive su tiempo de ocio en la actualidad es muy diferente del de otro en la Edad Media o en el Antiguo Egipto. La forma en que una persona se traslada de un lugar a otro hoy en día, no es comparable con el de un ciudadano del Imperio Romano. La curación de enfermedades en el siglo XXI no tiene parangón con el pasado. Así podemos continuar indefinidamente, y las similitudes entre la vida hoy y en periodos anteriores no se encuentran en absoluto.

Sin embargo, para abordar nuestro tema de estudio, el cambio social, hay que profundizar de una manera sosegada y con cautela en el análisis de los fenómenos sociales, para extraer de ellos todas sus notas características, de forma que resulte manifiesta su verdadera naturaleza. Es necesaria la distinción entre los elementos esenciales y los accidentales en la disección de los fenómenos e instituciones sociales para poder hablar con propiedad de la existencia o no del cambio social, y para determinar, en su caso, el auténtico alcance del mismo.

Ante la afirmación indiscutida en la actualidad de la gran velocidad del cambio social, de su institucionalización y de su magnitud, nos encontramos también, de modo "sorprendente", con hechos que suponen una importante contradicción, y al menos nos deberían hacer revisar la coherencia de postulados tan "incuestionables". Proponemos recapacitar, valorar y tener

30

en cuenta algunos de esos hechos "atípicos", "excepcionales", y que representan escollos en esas teorías dominantes, queremos analizar su alcance y naturaleza para ver si pueden ser salvados de algún modo más o menos habilidoso u original, o si, por el contrario, tienen tal entidad como para aconsejar un replanteamiento de esas teorías genéricas.

¿Por qué cuando aludimos hoy a nuestras formas de organización política, aparte de utilizar los mismos términos de la antigua Grecia, estamos completamente inmersos en los mismos problemas, en las mismas soluciones que los que nos precedieron tanto tiempo atrás? ¿Por qué continúan absolutamente vigentes, y producen idénticas reacciones de amor y odio, planteamientos religiosos que vieron la luz hace tanto tiempo? ¿Por qué hay tanta semejanza con disciplinas deportivas de los periodos clásicos de Grecia o Roma? ¿Por qué la mayor parte de la ciencia actual continúa embarcada en el mismo método, y discurre por la senda alumbrada en esa misma época? ¿Por qué nuestro ordenamiento jurídico es una transposición tan fiel del Derecho romano, y constituye la principal garantía de la reglamentación de la vida social todavía dos mil años después? ¿Por qué el ocio y el arte tienen en esas épocas una de sus principales referencias? ¿Se trata de meras anécdotas y coincidencias históricas debidas al azar? Entendemos que no, esos hechos son de tal alcance como para merecer una dedicación y una reflexión especial, y los consideramos suficientes como para aconsejar una revisión profunda de las concepciones dominantes sobre el cambio social, y por tanto, sobre la "ciencia sociológica". Sobre esta base, queremos formular una nueva propuesta para el acercamiento a los hechos sociales, opinamos que vista en su conjunto, considerando en profundidad todos los elementos de

31

la vida social, la propia naturaleza humana, su modo de pensar y su comportamiento, es legítimo sostener el carácter esencialmente inalterado de la vida humana, de la sociedad, y por tanto habría que ir hacia una forma radicalmente distinta de concebir la sociología y las "ciencias humanas".

Democracia (I) 29/3/2014

No se trata de señalar la importancia que determinados precedentes históricos han tenido en relación con ciertas instituciones actuales, como suele ocurrir con el modo habitual de abordar muchas exposiciones sobre hechos sociales. Lo que se pretende es poner de manifiesto que la sociedad actual comparte una buena parte de sus principios y caracteres con distintos momentos históricos, lo que resulta fundamental para el conocimiento de nuestro tiempo y sobre todo del futuro.

Según la Real Academia Española de la Lengua, democracia es: (Del gr. δημοκρατία). **1.** f. Doctrina política favorable a la intervención del pueblo en el gobierno. **2.** f. Predominio del pueblo en el gobierno político de un Estado.

Como una muestra de la teorización que entre los griegos alcanzaron los sistemas políticos, hemos de referirnos a autores como Platón, Aristóteles o los sofistas. Sus opiniones resultan completamente elocuentes sobre la idea que se mantiene en esta obra, que en esencia puede predicarse una gran semejanza en los planteamientos relativos a numerosas instituciones entre determinadas épocas en el pasado y la nuestra. Platón abogaba por un sistema político aristocrático, en el que los mejores, en su caso los sabios, deberían ser los encargados de ostentar el poder político. Esas ideas fueros posteriormente contradichas por Aristóteles, para quien el sistema democrático era superior al anterior. Por su parte los sofistas defendían tesis más pragmáticas, menos idealistas, su planteamiento era más próximo a Maquiavelo, lo importante es alcanzar el poder, y para ellos se hacía preciso el dominio de una serie de métodos, como la oratoria, el convencimiento de los ciudadanos, aunque la verdad o la justicia no fuesen sus principales referencias. En este sentido se observa cuán cerca se encuentra esta visión del comportamiento de determinados dirigentes políticos en la actualidad. El sistema político dominante hoy en todo el mundo es el democrático, en el que se produce el gobierno político de un estado por parte del pueblo. Lo que ocurre es que la participación del pueblo es mediata, a través de unos representantes elegidos periódicamente, y que toman las decisiones de forma autónoma. Es una democracia formal.

Democracia, democrático, antidemocrático, aristocracia, aristocrático, son vocablos de origen griego, después del tiempo transcurrido, su propia significación y alcance se mantienen en los mismos términos, con una notable identidad de contenido, lo que denota la pervivencia de los institutos de referencia, así como la fuerza expresiva de dichos conceptos. Las denominaciones con las que se alude en la cultura occidental a los diferentes sistemas de gobierno que articulan las organizaciones modernas, hunden por completo sus raíces en el mundo griego, trasportan a esa época, en la que se alumbró toda la teoría y se pusieron en práctica, experimentándose con cada tipo de posibilidades, los varios sistemas en que cabe cifrar el gobierno de una comunidad, un pueblo o un estado. Los griegos hicieron profunda cuestión de estos aspectos, les preocupó intensamente, le dedicaron grandes reflexiones, y recogieron en numerosos textos escritos las diferentes opciones que su mente albergaba. Iniciaron, desarrollaron y elaboraron el marco teórico sobre esta trascendente forma de organización. En lo sucesivo la humanidad iría probando, alternando opciones, poniendo en práctica, según las épocas, distintos sistemas políticos. Pero tanto su definición, como sus caracteres ya quedaron nítidamente establecidos en aquella época.

Tanto las lenguas romances como las anglosajonas incorporan y mantienen inalterados estos términos, con toda la carga semántica que tuvieron en Grecia, constituyendo las expresiones que transmiten principalmente esos contenidos, formando parte tanto del lenguaje común, como del técnico en estas materias. En la Grecia clásica, particularmente en Atenas, en el siglo V a. C. encontramos buena parte de la confirmación de todo ello. Los sistemas políticos han sido abordados por los atenienses de una manera profunda y en buena parte definitiva, tanto desde una perspectiva teórica, como práctica. Las reformas legislativas llevadas a cabo por Dracón, en primer lugar, Solón después y finalmente Clístenes, fueron los instrumentos por los que se consagró la democracia directa en Atenas. Los ciudadanos atenienses (no las mujeres ni los esclavos ni los extranjeros – hilotas –) ejercían a partir de los dieciocho años su derecho al voto en la asamblea popular, *eklessia,* en la que se tomaban las decisiones políticas importantes, tras ser defendidas las diferentes propuestas por oradores, que con mayor o menor habilidad sostenían sus puntos de vista.

Funcionamiento de las teorías del cambio social 6/4/2014

Las teorías que aceptan el cambio social enfatizan el estudio de los elementos más visibles de ese cambio y descuidan o infravaloran los que son más permanentes, de este modo se produce un sesgo de graves consecuencias en el análisis de la realidad, que hace que sus resultados tengan un alcance más limitado. Si el objeto de estudio lo constituyen aquellas notas que en un momento concreto caracterizan de modo más externo el comportamiento de los individuos de una sociedad, como ahora se hace por ejemplo con el comportamiento relacionado con los artilugios y tecnologías de la información (desde luego que no se propone el abandono de esa práctica, puesto que tiene su relevancia y alcance) y ello conduce a la "sociedad de la información", a la "sociedad del hidrógeno" o a la "sociedad post-industrial", se trasladan conceptos, opiniones y caracteres, que aluden a los accidentes de lo social, desde esos meros accidentes a su verdadera naturaleza, con lo cual cuando vuelven a mutar esas notas externas, cuando se apaga el influjo del elemento correspondiente, cuando varían en algo esas apariencias, nos encontramos de nuevo en una crisis, sin soporte teórico que dé razón de lo que pasa.

Cuando la sociología como tal se inició para explicar los cambios que se producían en Europa y en América, en esos momentos del siglo XIX sobre todo, esos cambios eran menos rápidos, y por tanto la nueva construcción teórica tuvo una validez más prolongada en el tiempo. Pero ahora la velocidad de esas transformaciones exteriores es tal que cualquier conceptualización elaborada sobre esos principios queda desarbolada con igual rapidez que la base en la que se apoya.

Por tanto, actualmente nos encontramos inermes, confusos, en una crisis sin salida. Nuestras más imponentes construcciones teóricas se ven superadas por los acontecimientos que las desbordan una y otra vez.

Se ha producido la caída del materialismo histórico, por más que se haya intentado retomar alguna de sus principales aportaciones. Las teorías del consenso, del orden y de la función social de las instituciones no sirven para momentos de cambios, ni para explicar las cuestiones microsociales. Las teorías del conflicto, que se han apoyado en el movimiento dialéctico de la sociedad, entre ellas el propio marxismo, no han acertado en sus predicciones. El análisis de la acción humana no aclara los fenómenos sociales más allá del individuo. Y mientras tanto, el hombre se ha acostumbrado, principalmente de la mano de las ciencias naturales, a "explicaciones racionales", a encontrar "soluciones", a dominar la naturaleza, a controlar los fenómenos, pero respecto a la sociedad casi todo ha fallado, los grandes teóricos no son capaces de predecir, de anticipar conflictos, de buscar soluciones, de mejorar el conocimiento de lo social. Cada uno alumbra una nueva teoría, un nuevo paradigma, que pretende dar con la clave del cambio, con la piedra filosofal que aclare el devenir de la sociedad, o que ponga un poco de cordura en esa vorágine teórica que tanta zozobra produce.

La utopía marxista ha resultado satisfactoria durante muchos años; su simplicidad, su novedad, sus aciertos evidentes, su progresía, han fundamentado su éxito, pero los acontecimientos han acabado por dejarla de lado. Sin embargo, ha quedado el vacío explicativo de algo que tanta satisfacción producía en un buen sector de la intelectualidad, y ahora tenemos confusión y una necesidad de claridad, queremos encontrar otra solución que aplaque con la misma autocomplacencia nuestra inquietud y curiosidad. El funcionalismo y sus pretensiones de generalización ha tenido también su momento teórico, pero el pensamiento social dominante, en el que la moda también juega su papel, le ha dado la espalda.

Las teorías que aceptan el cambio social operan del siguiente modo: a) No están de acuerdo con las explicaciones del momento presente, de por qué ocurren los fenómenos sociales, de adónde van, y por tanto se buscan otras *ex novo*, radicales, sin ligazón con el pasado más remoto. b) Consideran los precedentes teóricos históricos como meras anécdotas, que poco o nada pueden aportar a la inteligencia y comprensión de la realidad social, no les reconocen ni les otorgan valor explicativo ni ilustrativo de esa realidad. Resulta fundamental aceptar que lo que ocurre en ese instante es totalmente diferente de lo precedente, y por tanto las anteriores teorías no sirven para explicarlo. c) Se toma como dato fundamental para el estudio lo aparente, la vida cotidiana en sus manifestaciones de comportamiento exterior, y se desdeñan los estudios que tratan de ver la continuidad y permanencia de las acciones humanas y sociales. Aunque ello también es una consecuencia de la incapacidad de encontrar o extraer los aspectos positivos de esa semejanza, de esa similitud para la comprensión del presente. d) Apoyan una especialización creciente de las disciplinas relativas a lo social, a lo humano, sin una coordinación ni conjunción de resultados. Del mismo modo justifican los métodos de investigación actuales de estas nuevas disciplinas.

Marshall D. SAHLINS   13/4/2014

Queremos iniciar con él una serie de referencias a intelectuales cuya obra nos resulta especialmente sugestiva, aunque sus posturas no tengan por qué recoger la misma orientación metodológica que aquí se propone.

Importante antropólogo norteamericano (1930) que ha centrado su trabajo en el estudio de las culturas primitivas. Consideramos de gran interés el acercamiento a esta notable figura de la antropología reciente, cuya obra está llena de aportaciones de gran relevancia que apuntan directamente a las claves de la evolución humana.

Pensamiento destacado: Con el tiempo el hombre ha aumentado su número de horas de trabajo y ha disminuido el tiempo de ocio. Además, curiosamente, también el hambre es un fenómeno que se ha incrementado de forma notable en el mundo. (*Economía de la edad de piedra*)

Sahlins es un crítico de la evolución lineal de la sociedad y de la historia. Subraya la importancia de la cultura en la acción humana (como han hecho, por ejemplo, Mary Douglas).

Recoge influjos de otros grandes antropólogos como:

Polanyi, K. quien, sobre todo en *La gran transformación: Crítica del liberalismo económico*. considera que el liberalismo es un proyecto utópico, que no es natural al desarrollo humano, y que lo económico no tiene una sustantividad propia, sino que siempre se ha encontrado *inmerso* en el resto de la actividad social.

Lévi-Strauss, C. principalmente en *El pensamiento salvaje,* combatió la idea de que el pensamiento del hombre primitivo no tenía nada que ver con el del hombre moderno. Para él se basaba en las mismas estructuras y esquemas.

La obra de Sahlins refleja un punto de vista diferente al del llamado "materialismo cultural" de M. Harris y al funcionalismo.

Reflexión: ¿Hasta qué punto la evolución humana es sinónimo de desarrollo y de mejora de las condiciones de vida? Fascinantes cuestiones se presentan a nuestra consideración.

Obras principales:
- *Las sociedades tribales*. (1972). Barcelona, Labor.
- ***Economía de la edad de piedra**. **(1983). Madrid, Akal.***
- *Uso y abuso de la biología: crítica antropológica de la Sociobiología.* (1990). Madrid, Siglo XXI.

Teoría frente a práctica social 19/4/2014

Existe una gran discordancia sobre cómo el individuo y la sociedad conciben los fenómenos y hechos sociales y cómo éstos son realmente. Esta es una de las principales razones de la existencia de la sociología y de las disciplinas que versan sobre la sociedad y el hombre. Son numerosos los motivos, los argumentos que se han dado sobre esa cuestión.

Importante es la consideración que parte del análisis del lenguaje y que lo estima fundamental para la configuración social. Evidentemente que cada palabra, cada frase tiene un significado diferente en cada contexto, y no es posible hablar estrictamente de identidad de significados. Desde Heráclito o Platón, hasta Derrida o Habermas, pasando por toda la corriente nominalista, los teóricos del lenguaje han puesto de relieve ese aspecto, que aglutina caracteres, que simplifica y posibilita la comunicación, pero que tiene un alcance ciertamente limitado para "representar", para funcionar como "bild" (en expresión célebre desde el "Tractatus" de Wittgenstein), y para significar o dar cuenta de la realidad. La filosofía del lenguaje ha hecho de él el centro de su análisis, pero también el estructuralismo (que a partir de Saussure se ha extendido desde la lingüística a otras disciplinas humanas, como la antropología o la sociología de modo especial), ha señalado el cuidado que es preciso tener al observar el lenguaje, es necesario un esfuerzo de análisis exhaustivo de conceptos y expresiones para sopesar de un modo más válido su apariencia significante. Sin embargo no han sido los primeros en mostrar este interés, ya Aristóteles, Descartes, Ockham o Kant desarrollaron un importante esfuerzo por desentrañar las estrategias y trampas del lenguaje, y sus relaciones con la razón y con la realidad. Empero, al margen de toda esa sospecha, legítima, inexcusable y fundamental, "es preciso continuar", como sostiene el propio Bertrand Rusell (que pasa por ser uno de los padres de la filosofía del lenguaje, junto a Brentano o Frege) a riesgo de inexactitudes y errores, algunos de bulto seguramente, pero hay que renunciar a una validez absoluta en aras de una acumulación de conocimientos que incrementen nuestro grado de aproximación a la realidad.

Hemos dejado a un lado la cuestión de lo *emic* y de lo *etic*, que tanto juego ha dado en antropología, y que enlaza con el tema del lenguaje, puesto que los significados, los símbolos, que en una cultura conforman su contenido, se han construido de acuerdo a las ideas dominantes, a los significados relevantes para esa sociedad, y no coinciden con las concepciones o significados que desde fuera, desde otras culturas, se pueden tener de ellos.

Aparte de la cuestión lingüística, simbólica, del lenguaje, que hace referencia a elementos tales como representación o significado, es preciso aludir además al contenido material de un significante determinado, a cómo con un término o expresión aludimos a un aspecto de la realidad, pero que no es omnicomprensivo, sino que únicamente lo individualiza, sirve para localizarlo, para distinguirlo de los demás, pero presenta un limitado alcance en cuanto al reflejo que hace de lo que significa, circunstancia que se incrementa en el caso de los términos que se utilizan para referirse a hechos o fenómenos sociales.

Cuando usamos el término "democracia" por ejemplo, aludimos a una serie de consideraciones que nos remiten a un conjunto de lugares comunes, pensamiento dominante, que se dan por admitidos generalmente, pero si pasamos a una segunda fase, comprobamos que la realidad, hasta donde es posible referirla, es bastante diferente del contenido que solemos atribuirle. Si descomponemos sus partes integrantes, inmediatamente nos percatamos de que esas notas están en continuo vaivén, no son estáticas, oscilan bastante en el tiempo y con frecuencia poco tienen que ver con las formulaciones teóricas, tal como la mayoría se las representan, y son las que el individuo utiliza para hacerse una composición de lugar de la realidad. Así hoy se suele admitir que la democracia es el sistema de gobierno mejor posible, en que unos ciudadanos libremente elegidos por una mayoría nos representan por razones de operatividad puesto que todos no podrían actuar, y se hace necesario designar a unos pocos, que son los que al final deciden, de acuerdo con el interés general, aquello que más conviene. Si al cabo de su mandato no estamos conformes con su gestión, elegimos a otros que lo harán mejor. De paso admitimos que puede haber algunas irregularidades, o disfunciones en el conjunto del funcionamiento de ese sistema de gobierno, que aún así es el mejor posible. Ese, más o menos, podríamos decir que es el planteamiento de fondo de los ciudadanos que sirve para legitimar la continuidad y permanencia del sistema.

No obstante, es preciso llamar la atención, en un análisis más profundo de los hechos, de cómo funcionan las cosas realmente. Ni la representación, ni la elección de los representantes, ni su actuación es exactamente como la suponemos. En efecto, la pluralidad de opiniones, de criterios ha de reconducirse hacia unas pocas opciones posibles, válidas, puesto que las demás no pasarán la criba del sistema de gobierno. Los representantes elegidos, primero por sus partidos, y después por los ciudadanos, tienen unos intereses diferentes a los de los ciudadanos que representan, los suyos propios y los de los grupos que los apoyan, y además el gobierno actúa de acuerdo con unos criterios también propios y no siempre coincidente con los de la mayoría. Además, los ciudadanos que deciden normalmente la alternancia política, entre partidos y formas de gobierno que se parecen mucho y que mantienen una continuidad en lo fundamental, son unos pocos que no tienen el voto decidido previamente hacia los partidos principales y que por tanto se anulan mutuamente.

Hasta aquí, lo que hace referencia al término "democracia", otro tanto puede decirse de infinidad de los que componen el discurso teórico de las disciplinas humanas. Vemos, pues, que la realidad tiene a veces poco que ver con la teoría, al menos con la teoría de funcionamiento o pensamiento dominante, de tal modo que los opuestos están a veces más próximos de lo que se cree, y no son tan antitéticos como se supone.

CRISIS ECONÓMICAS: NADA NUEVO   25/4/2014

Iniciamos con éste el tratamiento de una serie de cuestiones que actualmente adquieren notoriedad, pero cuya consideración debe contener elementos más duraderos y enfocarse desde una perspectiva diferente.

Este planteamiento creemos que aporta una ubicación realista del análisis social, ayudando a situar aquellas posturas más inmediatas en el marco de una referencia general, necesaria para una adecuada valoración de los hechos.

No se pretende agotar los aspectos abordados, sino únicamente ofrecer algunas breves pinceladas que ayuden a ampliar la metodología empleada actualmente, siempre desde la provisionalidad y discusión de todas ellas.

Las crisis económicas (suponiendo que podamos hablar con propiedad de algo así de modo independiente de las crisis sociales, dada la naturaleza agregada de la actividad humana) son un fenómeno recurrente en un Occidente que cada vez absorbe más a Oriente y de paso al Sur - aunque en este caso la absorción no implica la de su subdesarrollo, sino que éste queda perfectamente al margen -. El Norte se da por incluido ya en Occidente de modo permanente. Siempre han existido esas situaciones de altibajos y transferencias, de épocas en que el poder - y el económico es una de sus manifestaciones, quizás la principal - ha ido pasando de unos a otros sujetos, de unos a otros ámbitos.

Es preciso evitar el etnocentrismo, y tener en cuenta que hay extensas zonas del mundo en las que esa cuestión ni siquiera tiene posibilidad de ser formulada, porque nunca han llegado al umbral necesario para poder reducir su nivel de desarrollo, siempre ínfimo.

Desde el relato bíblico en que Egipto fue asolado por las plagas, y a la época de *vacas gordas* le siguió la de las *vacas flacas*, la sucesión de etapas de distinto signo económico, así como el carácter indescifrable de sus motivos, ha sido una constante. Es cierto que el nivel de recursos disponible ha sido muy variable: en épocas como la romana o la misma egipcia, por ejemplo, ha tenido lugar un gran desarrollo económico, y en otras como la medieval, ese sustrato se ha mantenido en términos de mayor precariedad. A su vez, la cadencia y duración de esos intervalos tampoco ha tenido regularidad, pero su presencia no ha dejado de reiterarse históricamente.

Entre sus causas se suelen citar, junto a otras, la escasez y el encarecimiento de las materias primas o bienes de uso corriente, el desajuste de la oferta y la demanda, la pérdida de confianza en el funcionamiento de las reglas de intercambio, en el mercado en suma. Ese cúmulo de circunstancias origina una contracción del nivel de desarrollo, generando una situación de crisis económica. El origen profundo de ese estado de cosas puede ser de muy distinta naturaleza, pero siempre permanece una pulsión egoísta, de búsqueda del mayor beneficio, que cuando sobrepasa determinados límites produce la ruptura del continuo crecimiento. Actualmente los fondos de inversión de naturaleza tan plural, los denominados de modo genérico "mercados", las bolsas, la banca, las citys, son las representaciones más técnicas de unos modos de actuar que encarnan desde siempre la intención de lograr el mayor de los beneficios posibles por encima de todo y sin la menor consideración de tipo ético o moral y, no obstante, se nos quiere llevar a la ficción de que tras esos procedimientos no se encuentra el deseo más genuino del hombre. Ahora se reviste ese aspecto humano de un oropel científico y neutral, como si fuese una fundamental aportación y descubrimiento de la ciencia que tiene ese objeto de estudio, la economía.

Desde un enfoque marxista, las crisis económicas dentro del capitalismo (que han constituido la principal razón de ser del análisis del propio Marx) han sido valoradas como una muestra del estado decrépito de un sistema malévolo, que lo abocaría necesariamente al colapso. La evolución histórica, sin embargo, se muestra contraria a validar esas hipótesis, si bien esa postura analítica no desmaya en conseguir en algún momento su confirmación.

Las teorías económicas al uso intentan solucionar esos problemas con procedimientos técnicos reparadores del sistema, ya sea garantizando su supervivencia mediante el recurso a políticas intervencionistas (keynesianismos de distintos signos), o eliminando trabas en ese sistema, en la línea del liberalismo clásico, o bien dosificando más o menos hábilmente ambos métodos.

En este sentido, han sido muchos los intentos de paliar sus efectos: organizaciones tan conocidas como la OCDE, el G8, la Commonwealth, la UE, Mercosur, la OPEP, incluso la propia ONU, tienen entre sus objetivos declarados, en diferente medida ciertamente, la mejora y regulación de aspectos económicos que afectan a sus estados asociados. Desde los célebres acuerdos de Breton Woods que en 1944 iniciaron la institucionalización de un control real de la economía mundial, dando origen al Fondo Monetario Internacional y al Banco Mundial, o a la Organización Mundial del Comercio, esa acción de dirección económica se ha mantenido de forma continuada. Asociaciones de miembros tan exclusivos como la elitista Comisión Trilateral, el Foro Económico Mundial, que anualmente se reúne en Davos, o el Club Bildelberg, persiguen el análisis y control de la economía mundial. Las cátedras de economía de todo el planeta y los "expertos" de las instituciones que se afanan en estas materias pugnan por ofrecer las mejores soluciones y optimizar los resultados de las organizaciones para las que trabajan.

Pese a todo este esfuerzo, la última crisis económica, así como las anteriores, no han podido ser previstas a tiempo para evitar sus desastrosas consecuencias. Ello nos debe llevar a una seria reflexión sobre el valor real de tanto trabajo. No cabe sospechar de una falta de interés en el acierto de los resultados, lo que nos conduce necesariamente a concluir sobre el fracaso explicativo de ese modo de hacer. Sin embargo el empeño es enorme, y una vez que la crisis se ha desatado, de inmediato surgen los intentos de aclarar *a posteriori* las causas que antes no se han podido adelantar. Evidentemente hay mucho prestigio que rescatar, es necesario salvar todo el esfuerzo intelectual invertido en este ámbito y que tan poco fruto ha dado.

Con independencia de la instrumentación o provocación que de las crisis mismas en todo lugar hayan hecho determinados agentes económicos, ha sido una constante el reposicionamiento más o menos inmediato de todos ellos respecto a las crisis ya producidas para extraer el mayor beneficio o sufrir el menor daño posible.

Las crisis económicas que en un principio alcanzaban ámbitos territoriales más reducidos, ahora implican totalidades, afectan a todos, como consecuencia del nuevo ámbito geográfico mundial en el que las relaciones humanas se desenvuelven, debido a la llegada de tecnologías y medios que así lo permiten e imponen.

Podemos decir, pues, que nos encontramos ante un fenómeno de presencia continuada en el tiempo, en el que se dejan entrever unas parecidas causas y formas de despliegue desde siempre, que nos hacen pensar razonablemente en su naturaleza permanente. Las circunstancias actuales no nos permiten caracterizarlo como único o irrepetible, por más que los hechos concretos que lo hayan desencadenado tengan una singularidad evidente -como todo lo humano y social-, pero ello no nos debe hacer perder la perspectiva global bajo la que debe ser abordado para un mejor encuadre comprensivo. Entendemos que poco han cambiado las cosas desde que los clásicos (griegos y romanos) definieron esa materia como "gobierno de la casa" ("eco-nomía") y su posterior extrapolación a objetivos más amplios, pasando de la micro a la macroeconomía, o desde que, más recientemente, el judío español Joseph de la Vega tituló de "Confusión de confusiones" su análisis del funcionamiento de los incipientes procedimientos bursátiles allá por el siglo XVII.

Las crisis económicas son una de las materias fundamentales que subyacen al desarrollo de la *ciencia* económica (la que pasa por ser la más exacta de las ciencias/disciplinas humanas). Los resultados, entendemos nosotros, no han ido parejos con el esfuerzo invertido en esta materia. Por ello es preciso reconocer (si no es posible cambiar el signo de ese estado de cosas) que el alcance de esta disciplina es limitado, y deberíamos ampliar nuestro ámbito de análisis, recurriendo a lo que nos resulta en principio más asequible, el resto de las disciplinas humanas.

En este punto creemos conveniente una recapitulación elucidatoria del procedimiento seguido, basado en una cierta y muy personal labor interdisciplinar, y que nos ha hecho llegar a las consideraciones expuestas anteriormente:

Determinados estudios antropológicos han puesto de manifiesto que lo económico se encuentra desde siempre "incrustado" en lo social (Polanyi), de modo que el análisis separado de ese aspecto no debe hacer perder de vista su verdadera naturaleza, otra cosa lleva a desvirtuar los resultados obtenidos. Por otra parte, el supuesto carácter evolutivo y dialéctico que conduce a un progreso histórico del hombre, encuentra en estudios de este tipo importantes contrapuntos (Sahlins), que cuando menos aconsejan un mayor uso de la prudencia a la hora de tener el pasado como etapa previa y superada del presente. Al propio tiempo, este tipo de estudios nos permiten rehuir el etnocentrismo, evitando tomar por global lo que solo es occidental o parcial.

La historia y los estudios comparativos constituyen un recurso insustituible al tratar cualquier aspecto de la realidad social (prueba del fruto obtenido por su uso son las obras de los clásicos de la disciplina sociológica: Marx, Weber o Durkheim, entre otros muchos). En este sentido, basta asomarse al pasado del hombre para atisbar de inmediato la reincidencia histórica del fenómeno de las denominadas crisis económicas, al menos desde que se dispone de información documental, y no hay razones de peso para suponer que ello no vaya a seguir siendo así en el futuro.

La psicología es fundamental a la hora de valorar los elementos en juego en un fenómeno como éste. Desde dentro, es decir desde la propia "ciencia" económica (que es considerada por la ortodoxia intelectual actual la única autorizada a formular con cierto criterio hipótesis y a dar explicaciones sobre lo sucedido) se da una valoración de este tipo sobre las causas de la crisis económica en el momento presente, y así se señala que uno de los motivos fundamentales que la han desencadenado ha sido la pérdida de confianza en el sistema. Evidentemente que ello ha sido así, pero ese hecho alude directamente a una valoración de tipo psicológico: la confianza es un aspecto totalmente subjetivo, propio de la mente humana, entra totalmente de lleno en el dominio de la psicología, por más que el uso frecuente en el ámbito económico pretenda darle una connotación técnica y propia de este dominio del saber. Por otra parte, el otro aspecto básico que la psicología aporta a la comprensión de la naturaleza de este fenómeno, es el del abuso en el comportamiento, el deseo del mayor beneficio posible, que en este caso se predica de los agentes sociales/económicos, los hombres en definitiva (ya hayan sido a título individual, o formando parte de conglomerados de todo tipo, como fondos de inversión, banca comercial, etc.)

La sociología suma notables esfuerzos en la valoración y medida de las consecuencias que momentos críticos como el presente tienen para individuos y grupos sociales de todo tipo. Así, poblaciones que disfrutaban de un determinado nivel social, ven cómo procesos de esta naturaleza son capaces de

51

alterar profundamente su estatus, rebajando drásticamente su posición en la estratificación social, al tiempo que otros colectivos aprovechan esas coyunturas para mejorar o consolidar posiciones de privilegio. También desde este ámbito, el factor trabajo (aunque no hay que olvidar que éste es uno de los numerosos objetos de estudio fronterizos y comunes con la disciplina económica) es apuntado como detonante profundo de la crisis económica actual, y que se encontraría a la base del "desplazamiento de placas" que actualmente se produce entre Occidente y Oriente, como consecuencia del efecto de "vaso comunicante" que para el capitalismo, hoy global, tiene el hecho del menor coste salarial en el lejano Oriente.

La filosofía, pese a ser una disciplina con un proceso histórico peculiar y reducido en la actualidad, nos ayuda sin embargo a formular visiones novedosas sobre la realidad: sus observaciones sobre globalización, modernidad líquida, cambio constante, movimientos antisistema, y un largo etcétera, constituyen su contenido natural en este momento, resultando de gran interés las denominaciones, apreciaciones y calificaciones que se formulan desde su atalaya. Además, la historia de esta disciplina nos enseña que desde siempre la discrepancia y falta de acuerdo entre planteamientos ha estado presente en las reflexiones humanas sobre cualquier tema, y nada indica que esa pluralidad ideológica y de formulaciones deba ni vaya a desaparecer en el futuro. Ello es una característica absoluta del discurrir humano.

Respecto al alcance de la ciencia económica, es preciso ser honestos y claros a la hora de decir hasta dónde puede llegar el valor de lo que se afirma. Hoy por hoy, y no parece que esto vaya a cambiar en el corto plazo, son limitados los logros de disciplinas como la económica, en el ámbito de la previsión fundamentalmente (pese a que como ya hemos señalado, es tenida como una de las que mayor grado de certeza es capaz de aportar al conocimiento de su objeto de estudio). Es un hecho que la prognosis no se encuentra en el haber de esta disciplina económica. Ello ya sería suficiente para que el calificativo de "científica" no cuadre con la naturaleza que deba otorgársele. Nosotros creemos que "disciplina" es lo que mejor la denota, pese a que tienen indudable valor sus análisis sobre las causas y motivos que han dado lugar a los fenómenos de tipo económico, si bien no llegan a anticiparlos.

Cada una de las demás disciplinas sociales, como hemos visto, tampoco pueden aportar por separado conclusiones definitivas sobre este tipo de fenómenos, habida cuenta lo indescifrable que en último término resulta el actuar humano. Sin embargo, agrupadas, son capaces de facilitar consideraciones como las apuntadas aquí, que dotan a las crisis económicas de una caracterización razonablemente completa y adecuada a su naturaleza, aunque con las limitaciones expuestas.

ALGUNAS CUESTIONES PARA LA REFLEXIÓN:

- ¿Tienen sustantividad propia *las crisis económicas,* al margen de las crisis sociales?
- Crisis económica actual
- Crisis del petróleo
- Crisis del 29
- Y todas las que nos han precedido

- ¿Son excepcionales las crisis económicas, o son excepcionales los periodos no críticos?
- Duración y cadencia de las crisis económicas
- Etnocentrismo y crisis económicas
- Crisis económicas y desarrollo
- Crisis económicas permanentes, latentes y manifiestas

BREVE REFERENCIA BIBLIOGRÁFICA:

- Keynes, J. M. (1986). *Teoría general de la ocupación, el interés y el dinero.* México, Fondo de Cultura Económica.
-Mandeville, B. (1982). *La fábula de las abejas, o, los vicios privados hacen la prosperidad pública.* Madrid, Fondo de Cultura Económica.
-Marx. K. (1981). *El Capital.* México, Editores Mexicanos Unidos.
-Polanyi, K. (1989). *La gran transformación: crítica del liberalismo económico.* Madrid, La Piqueta.
- Sahlins, M. D. (1983). *Economía de la edad de piedra.* Madrid, Akal.
- Smith, Adam. (1983). *Investigación de la naturaleza y causas de la riqueza de las naciones.* Barcelona, Orbis.
- Vega, Joseph de la. (2009). *Confusión de confusiones.* Madrid, Profit, cop.

El arte y cambio social (I) 3/5/2014

El cambio social es nuestra actual preocupación, y somos de la opinión que el mismo tiene una naturaleza heterogénea, es decir, no atiende a las mismas claves en todos los ámbitos. A comprobar esta suposición se dirigen nuestros esfuerzos, y para ello afrontamos una serie de trabajos que pretenden profundizar en el conocimiento de ciertos procesos sociales, abordando por partes una cuestión tan intrincada.

El arte es un elemento útil para examinar y enlazar periodos históricos, tiene algo de lo que carecen otras experiencias humanas: evidencia y permanente evocación del tiempo; es un testigo exacto, un *ejemplo* vivo y manifiesto del pasado y su presencia es más patente que, *verbi gratia*, una costumbre.

Las obras de arte son objeto de un aprecio que difiere en cierto modo de lo habitual en otros dominios. A pesar que los gustos estéticos cambian, el patrimonio artístico sigue siendo muy valorado, así, por poner un ejemplo, *el David* de Miguel Ángel actualmente goza de tanto reconocimiento como el que le profesaban sus coetáneos. Hoy tenemos más elementos para la comparación y disponemos de una perspectiva diferente a la del hombre renacentista; han sido muchos los movimientos artísticos que han venido después de aquel glorioso periodo, y han dejado una impronta mayor o menor, pero con todas se ha ido configurando un conjunto estético y cultural extraordinariamente rico, que en absoluto representa un obstáculo para la estima de las obras pasadas.

Ver lo que ha ocurrido en el ámbito artístico respecto del cambio, analizar cómo de un estilo, de una técnica, de una temática y mentalidad se ha pasado, o no, a otras es, en nuestra opinión, un instrumento muy pertinente para arrojar luz en el complejo asunto del cambio social, y resulta muy interesante por la gran importancia del fenómeno artístico dentro del conjunto de la cultura y de la sociedad. El arte tiene la peculiaridad de una evidencia espacio-temporal que lo hace especialmente idóneo para dar cuenta de los cambios, tendencias o permanencias de la actividad humana relacionada con lo bello o, por mejor decir, con lo generalmente admitido como valioso desde el punto de vista de la creación artística, y ese dato debe ser tenido en cuenta para contrastarlo con lo que ocurre en la vida social, y de ese modo elaborar con mayor fundamento una teoría general sobre el cambio, que con tanta frecuencia se da por establecido sin un acercamiento riguroso a su verdadero alcance. Las lecciones que del arte cabe extraer son las que a continuación se indican.

Siempre ha sido posible hablar de arte, desde los comienzos de la historia humana encontramos obras a las que atribuir sin la menor duda el calificativo de grandiosas, maravillosas, extraordinarias, bajo una consideración estética que se mantiene en sus grandes líneas a través del tiempo, por arcaicos y rudimentarios que hayan sido a veces los medios técnicos disponibles y por difíciles y poco favorables que hayan sido las condiciones ambientales.

La permanencia artística ha tenido una extraordinaria vigencia en supuestos concretos como el egipcio (que no ha sido el único) en que, pese a la existencia de los mecanismos que posibilitarían un arte cambiante, y habiendo conocido supuestos de radical cambio estético, éste fue rechazado claramente durante la práctica totalidad de su vasta vida (estamos hablando de un periodo de más de tres mil años) en estrecha relación con lo ocurrido en el proceso cultural de ese pueblo, en que todos los aspectos se han visto igualmente tocados por la mano de la estabilidad, por el gusto por su mantenimiento, y por el rechazo del cambio por el cambio, si bien la evolución técnica en todos los órdenes y el desarrollo social no han estado en absoluto ausentes.

En ocasiones el tipo de arte se ha supeditado a una clara finalidad ajena a lo estético propiamente dicho, que le ha llevado a rebajar el empeño por lo artístico, si bien el artista ha acabado por lograr extraordinarias manifestaciones, en muchos casos constreñidas por esas normas doctrinales, de carácter religioso principalmente, que no obstante se han visto desbordadas por una grandeza artística muy notable.

La búsqueda de la mejora técnica y de la perfección artística han estado siempre presentes como una de las principales opciones en el desarrollo del arte en toda su historia, si bien una vez alcanzado ese objetivo, la trayectoria estética ha derivado en otra dirección, la de la búsqueda de la sorpresa y de la innovación. Este es señaladamente el proceso que observamos en el caso del arte griego y renacentista en el primer sentido, y del arte posterior hasta nuestros días en cuanto a una búsqueda del cambio por el cambio, con la intención de lograr una sorpresa y una novedad que evite la repetición sin más.

Por todo ello, cabe concluir que el cambio en el arte no se ha revelado como un procedimiento siempre presente, es más, en la mayor parte de la historia humana no lo ha sido, si bien desde el momento en que una buena dosis de perfección estética ha sido conseguida, ese cambio se ha instalado con una pluralidad de mecanismos, tiempos y variantes en el mundo del arte, de un modo principal en la cultura occidental, que por el efecto de los procesos de globalización ha extendido su radio más allá del propio ámbito geográfico clásico, pudiendo decirse que actualmente abarca la totalidad del planeta.

Desde la presente perspectiva, y visto el proceso histórico, parece que el cambio continuará marcando la senda de los hechos artísticos, que para subsistir se verán obligados a seguir esa línea oscilante, si bien esta situación puede ser considerada como forzada y cuando resulte muy evidente y notoria, ese cambio en sí mismo puede llegar a producir saturación y rechazo. En este punto, y pese al carácter secundario del cambio respecto del arte, es preciso reconsiderar si realmente, dado que hoy en día es un fenómeno que condiciona tanto lo artístico, no se estará convirtiendo en algo esencial, en cuanto que sin cambio puede decirse que no hay arte, si bien es preciso tener muy en cuenta que *ese cambio artístico actual es principalmente de matices* y de elucidación de las potencialidades de que aún es susceptible el fenómeno artístico, que no obstante *sigue conservando sus elementos más propios desde siempre.*

Franz BOAS 10/5/2014

Antropólogo germano-americano, de ascendencia judía, emigrado a los Estados Unidos a finales del XIX. (1858-1942). Es considerado el antropólogo más influyente de la historia de los Estados Unidos. Ejerció su labor la mayor parte de su vida en la Universidad de Columbia. Procedente de la física, derivó su interés profesional hacia la antropología, estudiando principalmente a los *kwakiutl* en el noroeste de Canadá.

Influyó decisivamente en muchos otros antropólogos como Ruth Benedict, A.L. Kroeber, Margaret Mead, Lévi-Strauss, etc.

Rechazó la biología como principal determinante del comportamiento humano, al modo como se venía imponiendo en su época, al hilo del evolucionismo darwiniano.

Para él lo más importante era que las diferencias culturales, adquiridas por aprendizaje social, eran las que determinaban las diferencias del comportamiento humano. La cultura es el elemento analítico fundamental de la antropología. Los elementos principales para explicar esas diferencias culturales eran las condiciones medioambientales, los factores psicológicos y la historia, lo primordial. No admitió el evolucionismo cultural que suponía que Occidente era la cumbre del desarrollo humano. Sus teorías se encajan en el denominado relativismo cultural.

Fue un gran defensor de la igualdad racial. No veía en la biología ningún elemento para fundamentar esa diferencia social, más que razones de tipo cultural.

Su postura se identifica y denomina particularismo histórico, es decir que la historia es la determinante del nivel de desarrollo de una sociedad. Sus detractores le han reprochado que no permite la teorización general, es decir la conclusión de unas leyes aplicables a todos los hombres. Según Boas, las teorías deberían surgir espontáneamente.

Su teoría, encuentra similitudes con la que en el ámbito del derecho postulaba la llamada escuela histórica del derecho, que procedente de Gustav Hugo, encontró en la figura de Savigny (1779-1861) a su principal mantenedor. Según esta postura el derecho es fruto de su proceso histórico determinado, y no debe ser traspuesto a otros entornos ajenos a esos antecedentes históricos, tal como se proponía desde el derecho natural o la Ilustración francesa.

Supone una innovación fundamental en el ámbito de la antropología. Ante el sesgo etnocéntrico, contrapone Boas la postura relativista, no hay ningún fundamento para suponer que una raza sea superior a otra. Lo que le costó (en cuanto alemán de raza judía) que sus libros fuesen quemados en la Alemania nazi.

Proponía como bases de la metodología de los estudios antropológicos el trabajo de campo (en el que a su vez era fundamental una residencia prolongada del investigador en el hábitat a estudiar), el aprendizaje de su lengua y la relación con los informantes.

CUESTIONES PARA EL DEBATE:

-El etnocentrismo es un aspecto a desterrar en el análisis antropológico y social.

-Es preciso ponderar el alcance de las distintas sociedades y culturas. No hay razones científicas que avalen la presunta superioridad de una respecto a otra.

-La historia se presenta como un elemento fundamental en la conformación de las distintas sociedades. Ello hace que cada una tenga una vida y unas características propias.

BIBLIOGRAFÍA:

-BOAS, Franz. (1965) Cuestiones fundamentales de la antropología cultural. Buenos Aires, Solar.

---(1966) Race, language and culture. New York, Free Press.

-VALDÉZ GÁZQUEZ, M. (2006) El pensamiento antropológico de Franz Boas. Barcelona, Universidad Autónoma de Barcelona.

–   SAVIGNY, F. K. (2005) Tratado de la posesión según los principios del derecho romano. Granada, Comares

–

Religión y cambio social (I)   17/5/2014

Lo religioso es interesante para tratar la teoría del cambio social y constituye un supuesto excelente para poner el contrapunto a esa teoría, debido sobre todo a su absoluta duración, a su presencia constante en todos los pueblos, y a la conservación de la mayoría de sus notas características a lo largo del tiempo, tanto las sustanciales como las accidentales.

El componente religioso abarca un gran espectro de la vida humana, es susceptible de incorporar no solo rasgos espirituales, sino infinidad de derivaciones materiales y puede llegar a generar una vida enteramente centrada en él. Por su naturaleza tiene relevancia en la mayoría de los elementos integrantes de la vida social, no solo del mundo interior o trascendente de los individuos, e históricamente ha condicionado el arte, los periodos de paz y de guerra, aparte de su trascendental papel en la integración social.

El acercamiento a la religión puede tener el valor de mostrar cómo hay parcelas de la realidad social a las que de un modo absolutamente evidente no les afecta ese postulado general de la teoría sociológica, según el cual la sociedad cambia y además hoy se dice que lo hace de un modo totalmente acelerado; en este sentido son de señalar algunos de los muchos aspectos del hecho religioso que mantienen una identidad o similitud importante a través del tiempo y de los distintos lugares. Además resultan cuestionables algunos de los tópicos más usuales, que son los pilares de la caracterización actual de esta realidad, y que se abonan también a la idea del cambio en materia religiosa, cuales son la supuesta secularización, por una parte, y la confrontación mundial entre religiones de distinto signo, por otra. Asimismo debe ser subrayada la importancia de algunas notas distintivas del hecho religioso, destacando su vinculación con la propia naturaleza humana, tratando de encontrar ahí la razón última de esa permanencia, lo que constituye uno de los objetivos fundamentales de nuestra propuesta sobre las disciplinas humanas, el carácter limitado del cambio social.

El propósito debe ser analizar si el cambio que conlleva la religión en sus distintas manifestaciones reviste alguna especialidad respecto al cambio general. Lo que se observa en principio es que las confesiones religiosas más importantes en la actualidad han arrancado de un momento concreto, en que una determinada personalidad (Confucio, Lao-Tsé, Siddarta Gautama, Jesús, Mahoma, Lutero, etc.) ha presentado una propuesta que ha alterado radicalmente el panorama en su entorno. Ha sido un cambio muy concreto en el tiempo y desde entonces ha mantenido su presencia viva de modo continuado, aunque con diversos altibajos y circunstancias, y eso ha sido así tanto en los casos en que ha ocurrido una novedad religiosa radical, como una variación sobre alguna de ellas (las escisiones).

Resulta evidente que en cuanto al tiempo de su duración hay una absoluta diferencia entre fenómenos sociales, así en materia religiosa podemos decir que hay un punto de partida y aún no ha habido un momento de finalización. Aunque las religiones han pasado por muy diferentes avatares históricos, sin embargo no se ha dado el caso de su desaparición, pese a haber experimentado algunas de ellas graves acometidas. En todo caso, cuando hablamos de distintas religiones nos estamos refiriendo a concreciones históricas de una religiosidad, de un planteamiento interior de todos los hombres y que podemos estimar subyacente y preexistente a esas particulares manifestaciones histórico-religiosas, llámense cristianismo, budismo, islamismo, etc.

El modo habitual de abordar la exposición de la situación del hecho religioso, es dar cuenta de toda una serie de aspectos tales como el número de fieles de cada una de las confesiones religiosas o los conflictos más llamativos entre ellas; se incluyen además datos sobre nuevas manifestaciones del mismo y sus rasgos más destacados, señalando si se encuentra en retroceso o en expansión.

Las explicaciones causales suelen carecer de gran rigor técnico, normalmente van referidas a hechos lejanos en el tiempo y es frecuente la discrepancia entre la multitud de argumentaciones. Sobre el futuro no suele aventurarse predicción y los acontecimientos de doble dirección o de recorridos contradictorios no son objeto de consideración. En cualquier caso, lo que predomina sobre todo es la descripción de la foto y, si acaso, la explicación de hechos pasados mediante argumentos a posteriori. Las valoraciones suelen ser de todo tipo, y la falta de sintonía entre ellas la nota habitual, dependiendo fundamentalmente del analista que las realiza y de su posición geopolítica y cultural. De este modo, el resultado es escasamente interesante y su aportación al conocimiento del fenómeno es bastante limitada. Por otra parte, la sociología suele monopolizar el papel explicativo del fenómeno, dado su carácter eminentemente social, y por tanto las demás disciplinas se han ido alejando de su análisis, al percibirlo como ajeno a sus cometidos más propios, con lo que falta una consideración global del mismo, que entendemos la más adecuada y la única que puede ofrecer una visión más cabal.

Como fenómeno global que es, en cuanto a su dimensión temporal y cultural, el tratamiento sincrónico al que lo somete la sociología no puede por menos de resultar insuficiente. Cierto que el resto de disciplinas, aunque con la marginalidad expuesta, continúan dedicándole atención, pero la misma es residual y autolimitada.

Sólo un análisis que disponga una metodología conjunta, en pie de igualdad entre las distintas disciplinas atinentes al caso, sería capaz de ofrecer una visión más acorde con la auténtica naturaleza del fenómeno. Lo demás, lo que ocurre actualmente, una carrera vertiginosa hacia la especialización más minuciosa, no puede aportar la luz general que permita entender con cordura la situación de fenómenos sociales como el religioso.

Uno de los primeros aspectos que llama la atención en relación con el hecho religioso es el temporal. Hasta donde se remonta nuestra información histórica, abundan los datos referidos a manifestaciones de este tipo y desde entonces, sin solución de continuidad, es una constante de la vida humana. Las religiones han sido y son dispares, pero el fenómeno subyace el mismo con todo su vigor y notas características. Hay un extraordinario grado de pervivencia de los dogmas, de las instituciones e incluso de las jerarquías religiosas. Pese a los innumerables avatares históricos, la Iglesia católica, por ejemplo, mantiene una gran identidad en sus aspectos básicos, más allá de las escisiones y adaptaciones que ha experimentado, pero que no han alterado lo fundamental de su existencia.

En un mundo "tan cambiante" resulta muy difícil de entender esa inmutabilidad y encontrar un hecho semejante al de la permanencia de la figura del sucesor de Cristo, el Papa, pese a las luchas, pugnas y convulsiones que han sacudido el cristianismo desde sus orígenes. Aunque ha habido transformaciones e incorporaciones al corpus de las doctrinas cristianas, mantienen todas ellas una identidad tal con sus planteamientos iniciales que bien pueden tenerse por intactas. Resulta verdaderamente notable que tras tantos siglos, unos mismos principios y consignas morales sigan manteniendo el poder orientador de millones de conductas en todo el mundo. Lo dicho para el cristianismo sirve igualmente para el judaísmo, el islam, el budismo, el hinduismo, el confucianismo, etc., así como para las escisiones que en el seno de las mismas han tenido lugar en toda su larga existencia.

Pero además, para valorar adecuadamente el alcance de este sorprendente fenómeno de permanencia, es preciso señalar que la persistencia religiosa y su tozuda presencia encuentran uno de sus principales exponentes en el conjunto de normas o dictados morales que no siempre coinciden con la tendencia social dominante, sino que con frecuencia chocan frontalmente con ella y pese a todo se mantienen imperturbables. En muchos casos la religión constituye un refugio al que acudir cuando surgen circunstancias adversas en el mundo no religioso, aunque hay que reconocer que en la mayoría de los casos el grado de seguimiento de esos postulados éticos es mucho más teórico que real y pese a todo éstos continúan conservando toda su vigencia. El hecho de su diferencia viene a consagrar el papel de alternativa que la religión cumple respecto a la vida "real", ajena y desobediente a esos dictados más espirituales. Precisamente esa disparidad respecto a la "moral dominante" constituye uno de los principales argumentos a favor de su mantenimiento. Frente a los que sostienen la necesidad de que las religiones se acomoden a los tiempos, creemos que no es mala estrategia esa disonancia, puesto que su vitalidad radica más bien en ese papel de oposición, de solución alternativa.

No solo las religiones clásicas, sino que incluso las escisiones que las mismas han padecido han tenido un enorme éxito. Aunque ha habido muchas que han sucumbido en su intento, las que han sobrevivido lo han hecho con todas las consecuencias, es decir, han continuado con todas las características de las originales. Y por otra parte, éstas no han perdido su significación e importancia, de hecho se ha producido un crecimiento y expansión continua de todas ellas, especialmente de las tres grandes religiones monoteístas, que en sí mismas son un claro ejemplo del fenómeno de la escisión religiosa, primero el cristianismo respecto al judaísmo, y después el islam respecto del cristianismo, sin que se haya detenido ahí la acción segregacionista, puesto que todas han visto cómo otras ramas partían de sus respectivos troncos comunes hasta alcanzar plena madurez y vida propias.

CRIMEA: ENTRE LOS SUDETES Y EL NACIONALISMO RUSO 26/5/2014

Nuestro propósito no es tanto analizar los sucesos en sí mismos, cuanto poner a prueba una metodología interdisciplinar y partidaria de una postura que se aleje de las aristas más inmediatas de los fenómenos, pero que nos permita acercarnos a ellos de un modo más duradero y holístico. Desde esa perspectiva vemos cómo siempre cabe referirse a la realidad desde una absoluta pluralidad de puntos de vista. Ante la imposibilidad de abordarlos todos es preciso la opción, pero hemos de ser conscientes que ello nos lleva a un enfoque parcial y que faltan, en consecuencia, muchos elementos que conforman su auténtica existencia.

Sin ningún ánimo exhaustivo, y a modo de breve *think tank,* incorporamos a continuación algunos pocos de los innumerables apuntes que pueden ser señalados en relación con el presente tema:

Históricamente: Parecido razonable: crisis de los Sudetes de 1938 - Escenario lleno de evocaciones importantes a guerras terribles - ¿Hay razones únicamente económicas para desencadenar un hecho concreto de este tipo, o hay también otras de contenido ideológico? - ¿Suceso previsto o programado? e importancia del azar en la historia - Estamos presenciando un hecho que puede ser muy relevante y somos testigos de cómo se escribe la historia, podemos comprobar claramente el enfoque subjetivo, en función de los intereses de quién aborde el tema - Hipocresía mundial: distintas formas de medir e interpretar los hechos - ¿Qué se puede decir desde las disciplinas humanas de un suceso histórico? la mayor parte de las veces, su papel es tratar de explicarlo una vez ocurrido y de valorar la importancia de las causas que han dado lugar al mismo.

Sociológicamente: Asistimos a su narración por los medios de comunicación, y al posicionamiento e importancia de éstos - Nos encontramos ante uno de los supuestos en que se desencadena un grave temor, alimentando lo que Ulrich Beck denomina *La sociedad del riesgo* - Podemos comprobar cómo el elemento nacionalista se fomenta y se agranda a voluntad, y se combate y cuestiona según la disposición de intereses en juego.

Psicológicamente: Susto a nivel mundial - El más fuerte ha impuesto rápidamente su poder, aunque no sea el país más rico - Búsqueda de una grandeza venida a menos por parte de los rusos - Consecuencias: espanto, temor a una guerra próxima, quizás la última - Importancia por su inmediatez para nosotros: aspecto presente, momento en el que muchas generaciones y personas tienen contacto directo con un hecho que es capaz de originar graves consecuencias (no es lo mismo leer o ver lo que ha ocurrido a otros que vivirlo en primera persona, sintiéndose potenciales afectados por el problema).

Así pues, de entre todas las opciones apuntadas vamos a centrarnos principalmente en dos: la histórica y la nacionalista, aunque no en el sentido habitual de ambos términos.

Respecto a la primera, es preciso comenzar señalando que desde las disciplinas humanas el relato de hechos históricos no puede pretender su explicación completa.

En este sentido, enfoques como el marxista (*Dieciocho Brumario de Luís Napoleón*, de K. Marx, por ejemplo) no han pasado de ser una forma de poner a prueba el valor de este tipo de teorías en cuanto método de análisis histórico, que desde luego se ha caracterizado más por su intención que por su resultado.

Se conoce por *historicismo* aquella pretensión teórica que ha querido atribuir a la historia humana una finalidad y una dirección concretas (además de la marxista, ha habido otras propuestas coincidentes en esa misma línea, así Hegel, Spengler, Toynbee, Fukuyama, han protagonizado algunas de las más célebres). Hoy por hoy, parece mayoritaria la tendencia que no sostiene tal tipo de orientaciones, K. Popper *(Miseria del historicismo)* se ha señalado principalmente por una particular beligerancia con dichas teorías.

No entendemos que sucesos como el de Crimea y sus derivaciones, en estos momentos puedan ser vistos (a falta de una mayor y más alejada perspectiva, que se antoja a todas luces necesaria) como un objetivo histórico al que aplicarles criterios como los señalados.

Sin embargo, una consideración de tipo económico no parece que deba ser ajena por completo al estudio de estos sucesos. Si bien la lucha de clases no explicaría la ocurrencia y devenir de esos hechos, otros elementos de contenido económico (aunque desde luego también estratégicos, ideológicos e incluso imperialistas) sí que pueden ser tenidos en cuenta como detonantes de los mismos.

El interés de un país en mantener una importante cota de poder de cualquier tipo es fundamental a la hora de determinar una cierta acción política. En este sentido, sobran intereses a la nación rusa para actuar a toda velocidad en una situación como la analizada. Como hemos dicho, no solo el económico, sino que el estratégico, el histórico, el nacionalista, y otros se agolpan para decidirla a aprovechar de inmediato la coyuntura creada.

La otra clave de una acción de este tipo es la estimación de las fuerzas opuestas, que en este caso no parecían ni siquiera dignas de ser tenidas en cuenta. Mínimamente disuasoria se presenta la palabrería educadamente amenazante europea (totalmente cautiva de su dependencia energética del agresor, especialmente Alemania, el país señero de ese endeble frente). Más importante, aunque insuficientemente eficaces, parecen las advertencias del rival americano, que sin contemplar el uso suicida de la fuerza militar (algo absolutamente impensable) se centra más en una acción menor de amenaza personal a elementos concretos del poder ruso: las cuentas de los magnates próximos a la toma de decisiones. De insignificante cabe señalar la pequeña resistencia que la ex-república soviética de Ucrania pueda ofrecer ante la colosal capacidad militar de la ex-metrópoli. Hasta aquí lo opinable, pero los hechos históricos siempre tienen un alto componente de azar, de modo que el resultado final de la acción desatada nunca resulta previsible por completo, en cualquier momento un elemento descontrolado o desconocido puede entrar en juego haciendo derivar los hechos hacia un resultado sorprendente.

El otro aspecto en el que queremos ahondar en relación con el caso "Crimea" es el *nacionalista*. Basta con que una parte de la población reclame la tutela de una potencia, para que ésta acuda rauda a defenderla, aprovechándose de la situación en beneficio propio. Razones de lengua, historia y sentimientos mutuos de pertenencia a una unidad común se encuentran, sin duda, bajo esa acción. Es sabido que las justificaciones nacionalistas se amañan, se preparan *ad hoc* en los casos en que hacen falta. Si hay más de 8000 comunidades en el mundo susceptibles de generar un sentimiento nacional, el hecho de que actualmente haya solamente unas 200 naciones, obedece a infinidad de razones históricas y de oportunidad que ha llevado a que en unos casos culminen ese proceso y en la mayoría no lo hagan.

En el caso de Crimea, las razones nacionalistas expuestas, de carácter ideológico, son la excusa perfecta para salir en defensa de una parte de la población, ocupando todo un territorio y justificando un ejercicio de la fuerza que evidentemente encubre la protección de un conjunto amplio de intereses de la gran Rusia, que ve una magnífica ocasión para recuperar posiciones que alegremente había cedido tras el movimiento desintegrador de la URSS.

A modo de reflexión metodológica final, podemos decir que, como suele ocurrir en las disciplinas humanas, en este caso lo que es posible decir con validez definitiva no es mucho, y tampoco se ha podido prever ni medir el alcance de los hechos *a priori*.

Al abordar cualquier fenómeno, tanto los medios de comunicación como los especialistas se inclinan actualmente por un enfoque parcial que refleje sus elementos más llamativos. Eso hace que efectivamente nos llamen más la atención, pero se aleja la explicación más profunda de ese hecho. En la mayoría de los casos esa voluntad aclaratoria no está presente, sino la de captar nuestra atención, y en ese sentido la novedad, la distinción, la singularidad es lo que más rápida y eficazmente logra ese efecto. Pero si nos preocupa llegar al fondo de esos fenómenos, hemos de afrontar necesariamente una aproximación más completa.

Lo que se observa con bastante nitidez es el carácter permanente de la condición humana desde siempre: resulta fácil comprender que en ese sentido muy poco han cambiado las conductas (la historia nos ofrece numerosos casos en que ante hechos y situaciones semejantes, las reacciones han sido asimismo parecidas). Básicamente se trata de la existencia de unos determinados intereses (sobrados en el presente caso) y la posibilidad de hacerlos realidad (también claros en este supuesto).

Historia y sociología 1/6/2014

Suele admitirse que la historia se ocupa de los casos concretos, de los hechos que suceden en un momento determinado y que en buena parte son irrepetibles en su individualidad, aunque desde un punto de vista categorial podamos agruparlos bajo algunos conceptos más omnicomprensivos, tales como "guerras", "revoluciones", "avances", etc. Y en el polo opuesto, se considera que la sociología se ocupa de los casos generales, del comportamiento del hombre en sociedad. Sin embargo hoy esa afirmación es más una declaración programática que un verdadero "modus operandi", por cuanto en la práctica la sociología viene a ser una búsqueda de respuesta a cada "hecho histórico" que sucede en la sociedad.

Así en los atentados del 11-S se apoya toda una sociología del conflicto entre grupos sociales irreconciliables, sobre la caída del muro de Berlín se articula con urgencia una visión sociológica del fin de la historia (con el predominio absoluto y definitivo de una concepción política sobre las demás), en torno a la invención en cadena de instrumentos comunicativos se hace lo propio recurriendo a "la sociedad informatizada" o "sociedad de la transparencia", "sociedad del cansancio", "modernidad líquida", o en torno al desempleo en Occidente surge una teoría social sobre "el fin del trabajo".

Creemos que ese no es el camino correcto ya que en ese caso el método científico adolecería de precariedad, de inutilidad, puesto que si para algo sirve la ciencia es para adelantarse a los acontecimientos, no para ir a remolque de ellos y ofrecer una explicación "a posteriori" y sin validez para otros supuestos futuros. La ciencia y las ciencias humanas en particular han de poder estar en disposición de explicar la realidad y así aventurar, dentro de los límites razonables – dada la naturaleza "libre" de la conducta humana -, el transcurso de hechos en el futuro; o al menos han de poder establecer claramente los límites a los que se puede aspirar en esa tarea y, en su caso, desvanecer la falsa ilusión forjada por "una ciencia social" que actualmente pretende hacernos pasar por la aceptación de unos postulados "científicos" que únicamente, y a lo sumo, son historia comparada o constructos sobre la base de unos hechos ya pasados, para los que no se ha ofrecido con anterioridad previsión.

La sociología debe ser un conjunto de conocimientos firmemente establecidos sobre el hombre en sociedad, que nos permitan alcanzar un mejor grado de información sobre el mismo, sabiendo y teniendo bien presentes las pautas y comportamientos que más o menos en todo lugar y tiempo le son propios, y que se acomodan a los cambios que históricamente van teniendo lugar a su alrededor, de tipo tecnológico, demográfico, medioambiental, etc. y que le hacen reorientar al hombre unos modos de conducta mucho más estables y permanentes de lo que de la sociología actual, tal como es entendida mayoritariamente, puede inferirse.

Por otra parte, la historia es una de las fuentes principales a las que ha de acercarse la sociología para obtener información, para confrontar unos hechos con otros y tratar de extraer de ellos aquellas notas comunes que le permitan construir razonablemente el mapa y entramado de la vida social.

Si ante situaciones de tensión y de conflicto importante el hombre acude, por ejemplo, al procedimiento de un cambio del sistema de gobierno de la comunidad, y ello ha sucedido siempre en el pasado, ya tendremos un dato importante que considerar en nuestro propósito constructivo final; si las manifestaciones religiosas o supersticiosas presuponen estados previos de miedo o incertidumbre, ya podremos aportar otro aspecto; si la guerra ha formado siempre parte episódicamente de la existencia humana, hemos de contar con ella; si los más fuertes siempre se han impuesto a los inferiores y han acabado por someterlos, igualmente hemos de incorporarlo a nuestra teoría. Si las diferencias y la desigualdad, son unas notas dominantes en las relaciones y estructuras sociales, igualmente hemos de tenerlo en cuenta; si el nacionalismo o localismo, han supuesto históricamente una importante fuerza movilizadora; o si la disidencia, la delincuencia y las conductas desviadas, siempre se han dado socialmente, no podemos prescindir de ellas en nuestra formulación teórica sobre la sociedad.

Hemos de evaluar el peso que todas estas notas sustantivas poseen en el conjunto de las diferentes sociedades, y no entendemos lícito frivolizar sobre cambios accidentales o de formas o manifestaciones de conductas, por muy generales y habituales que sean, ya se trate del uso del teléfono, de la televisión o de Internet, por ejemplo, y no está justificado el hecho de que porque se haya producido un mayor acceso y difusión de datos entre los hombres podamos decir que estamos ante "la sociedad de la transparencia". Esa expresión es válida y muy acertada como caracterización accidental del momento presente, pero ello no da lugar a un cambio social profundo. Los cambios tecnológicos siempre han existido, siempre existirán, y siempre han originado importantes cambios en el modo de vida de los sujetos, pero la naturaleza social del hombre, sus motivaciones, sus planteamientos vitales permanecen mucho más allá de las formas externas en que el hombre se muestra, de modo que la sociología para ser auténticamente fiable ha de contar en su justa medida con ese aspecto permanente, sustancial, del comportamiento humano, y ha de tratar también en su verdadera dimensión con el alcance de los aspectos más externos, más evidentes de esos fenómenos, pero sin exagerarlos, y sin generalizar sobre ellos toda la naturaleza social del hombre, prescindiendo de esos otros aspectos, como hemos dicho, más profundos, sustanciales y permanentes, y que son los que permiten construir una verdadera ciencia y disciplina en torno a la vida social del hombre.

No pretendemos obviar los innegables acercamientos que entre ambas disciplinas se vienen produciendo desde las denominadas Sociología histórica e Historia social, aunque los tenemos por insuficientes, consideramos que no será bastante con una aproximación, sino que habrá que trabajar conjuntamente y cotejar de un modo continuado los resultados de cada una, para que los mismos adquieran verdadera aceptación tras esa conjunción.

En los orígenes ya era el arte (II):Las pinturas rupestres
8/6/2014

La propia existencia de las pinturas rupestres es muy relevante por las conjeturas que nos permite efectuar en torno a la naturaleza de la pintura misma como actividad humana, o sobre muchos de los tópicos que la envuelven. En un universo lleno de dificultades materiales, en que la supervivencia estaba en juego cada día, el hombre era capaz de dedicar su tiempo a una actividad tan aparentemente lúdica como ésta, ¿cómo puede ser eso, o es que realmente no era tan lúdica, y más bien se trataba de una necesidad vital impuesta por unas creencias que le impulsaban a pintar con una finalidad favorecedora de la caza, es decir que pintaba por necesidad y no por placer? En ellas todo es maravillosamente sorprendente, tienen el tremendo valor de ser las primeras en todo, es decir en la misma actividad pictórica, y por tanto en los temas elegidos, en la técnica empleada, en la pericia de los autores, en los soportes y en los materiales usados.

La ubicación misma de los hallazgos de pinturas rupestres en el mundo es un dato fundamental para el estudio de las civilizaciones y nos lleva a plantear el origen del fenómeno de la pintura. La existencia de pinturas de este tipo en muchos puntos del planeta nos lleva a pensar que realmente es una actividad universal, tanto espacial como temporalmente considerada. Hay pinturas rupestres, entre otros lugares, en Europa (región franco-cántabra, región levantina en España y Francia, fiordo de Alta en Noruega, Valcamonica en el norte de Italia, el valle de Çoa en Portugal), pero también en América (Cueva de las Manos en el Río Pinturas en Argentina, La sierra de San Francisco en la Baja California en Méjico, y la Sierra de

Capivara en Brasil), en Africa (El Tassili Najer en el desierto del Sahara, y Drakensberg Park en Sudáfrica), en Australia (Parque nacional Kakadu) y en la Isla de Pascua, y en Asia (región de Huashan, en el sureste de China, o en la región de Bhimbetka en la India).

Con la perspectiva actual no puede por menos de agigantarse la valía de aquellas antiquísimas obras, y puestos en la tesitura de compararlas con todas las que han venido después, su significación es ciertamente extraordinaria. Por las condiciones en que tuvieron que pintar los autores rupestres y por el mérito indudable de sus obras, es ya un tópico el derroche de adjetivos que se les suele atribuir, poniéndolas al nivel de las mejores de todos los tiempos, pero esa comparación en absoluto resulta exagerada, sino que se atribuye con todo merecimiento por las circunstancias en que tuvieron que ejecutarse (al aire libre, con todas las inclemencias del tiempo, o en grutas con la limitada iluminación que en aquellos lejanos tiempos era posible, y sin ninguno de los recursos técnicos que vendrían posteriormente), y aún así los resultados son absolutamente notables, rivalizando sin la menor dificultad con las mejores obras posteriores, en todas las facetas: duración, perfección en la reproducción de detalles, fuerza expresiva o conservación.

Los primitivos pintores utilizaban unos rudimentarios procedimientos técnicos, aunque se han revelado extraordinarios en cuanto a los materiales, capaces de mantener su presencia hasta nuestros días, reflejando sus pigmentos (el más empleado era de color rojo, una mezcla de óxido de hierro y cinabrio) un singular dominio químico, absolutamente notable. Las pinturas de Altamira o de Lascaux sobrecogen no solo por su datación histórica (entre 20.000 y 13.000 años a.

79

C.), sino por su detalle, por la perfección de los rasgos, por su tamaño, permanencia, y por el valor que atesoran. Entre las muchas suposiciones que giran en torno a ellas, cabe citar la de su autoría, en particular se suele creer que podían ser obra de chamanes o brujos, lo cierto es que en muchos casos alcanzaron un nivel extraordinario de pericia técnica, no solo en el uso de materiales, sino en el de los mismos resultados, y no es descabellado preguntarse qué ocurriría si muchos de los llamados genios posteriores de la pintura tuvieran que trabajar en aquellos lejanos tiempos y condiciones.

Como ha sucedido en todas las épocas, también aquí hay notables diferencias de virtuosismo y calidad artística entre obras, de modo señalado es notable el arte de la zona cántabro-francesa, con un extraordinario naturalismo y complejidad técnica, frente a la mayor simplicidad del arte esquemático, que abunda en otras localizaciones del arte rupestre; sin duda agrupaciones de un mayor desarrollo cultural generan un tipo de arte más complejo y acabado.

Las pinturas rupestres tratan de reflejar las circunstancias de la vida de los moradores de las cavernas y abrigos y su relación con el entorno. Parece ser que más que una intención estética, tenían un propósito mágico, favorecedor de la caza, representando animales objeto de la misma, aunque en otras ocasiones muestran animales ajenos a esa actividad, y la figura humana es tratada más esporádicamente.

Las cuestiones que nos plantean son numerosas y de gran importancia: ¿Es una pintura permanente o ha variado con el tiempo? ¿Había influencia entre ellas? ¿Fue una actividad esporádica o era continuada? La respuesta es muy difícil e incluso la datación misma es problemática, ya que el recurso más fiable, el del carbono 14, no lo es completamente porque el tiempo transcurrido y la acumulación de materiales orgánicos desvirtúan enormemente sus resultados. No obstante, salvados los grandes márgenes de error, esa datación resulta clave para determinar hechos como el del poblamiento de un territorio, por ejemplo el del continente americano, que hasta hace poco se creía reciente, pero el descubrimiento de pinturas rupestres como las de la Cueva de las Manos en Argentina, o Peña Furada en Brasil han permitido poner en cuestión el denominado *Consenso de Clovis*, y abogar por un poblamiento anterior al que esta teoría proponía.

Su significado en la historia del arte es en realidad lo que más nos interesa. Podemos decir que *es un tipo de actividad que ya es arte*, que ya lo tiene todo, es la primera manifestación de la belleza, con absoluta calidad, nos permite colegir que en el arte siempre ha habido esfuerzo, dificultad, valoración e influencia entre zonas. Abarca un enorme periodo histórico (20.000 – 8.000 a.C.), y durante esos 12.000 años se han mantenido unos similares procedimientos artísticos, que nos dicen mucho sobre la estrecha relación entre la naturaleza humana y el arte. Evidentemente un dato fundamental es, desde luego, el de la antigüedad, ya que si una obra similar fuese de época reciente no tendría parecido valor.

Respecto a la influencia en este ámbito, hay que tener en cuenta que las pinturas rupestres se descubrieron a mitad del siglo XIX. Hasta esas fechas se venía creyendo en una línea evolutiva del arte, y por tanto no cuadraba con lo que se pensaba mayoritariamente que era la historia del arte, y en esa opinión no encajaba en absoluto el extraordinario naturalismo

81

de Altamira o de Lascaux. De hecho, cuando Marcelino Sanz de Sautuola descubrió en 1879 las primeras pinturas en Altamira, éstas no fueron admitidas como prehistóricas por sobrepasar lo que se creía la capacidad técnica y mental de los hombres primitivos. Pero tras el descubrimiento de otras cuevas en el Norte de España y el Sur de Francia, pasaron a ser reconocidas completamente, especialmente después de la publicación del artículo del principal detractor de Marcelino Sanz, el francés E. Cartailhac, titulado *"La gruta de Altamira. Mea culpa de un escéptico"*. Entonces se produjo una variación en esa opinión y se incorporó una nueva visión estética que incluía aportaciones ajenas a la tradición y a los cánones clásicos griegos, dando acogida a estéticas como la que se derivaba del arte primitivo. Así fue como el arte rupestre llegó a influir de modo notable en la obra de extraordinarios pintores de la talla de Gauguin, Picasso, Klee o Miró, que protagonizaron una tendencia, una vuelta a lo primitivo, con sus diferentes, novedosas y valiosas aportaciones personales. Entre las pinturas rupestres es posible encontrar similitudes, así las relativas a las representaciones de la figura humana (entre las llamadas pinturas esquemáticas se constata un evidente parecido, al igual que las que reflejan las manos de sus autores, a la manera de primitivas firmas, en Argentina, Colombia o Méjico). Y no siempre esa similitud es consecuencia de la vecindad, ya que también se ha dado en zonas incomunicadas, como la que se puede observar entre partes de Sudamérica y Europa.

Así pues, las pinturas rupestres tienen un valor especial por ser las primeras, por su duración, por su evidente calidad, y por las preguntas y respuestas que nos sugieren sobre la cultura, el arte, la naturaleza humana y los procesos de cambio o permanencia de la actividad humana. Pese a ser la inicial manifestación artística de la humanidad, completan con gran nota el expediente necesario para participar en el universo artístico, a la vez que nos permiten sostener que no van a la zaga de otras expresiones artísticas posteriores, salvadas las lógicas circunstancias de cada momento, y nos plantean de lleno la legitimidad de la cuestión sobre el cambio artístico, al que es preciso acercarse con precaución, teniendo en cuenta que las meras diferencias externas no siempre reflejan un cambio importante en lo profundo, aspecto fundamental cuando se trata de analizar lo humano.

Paul K. FEYERABEND 15/6/2014

Filósofo de la ciencia nacido en Austria (1924-1994), aunque su inquietud le llevó a Alemania, Gran Bretaña, Estados Unidos, etc. donde trabajó y ejerció la docencia en numerosas universidades.

Al principio sus escritos reflejan una clara influencia de K. Popper y su teoría de la *falsación*. Colaboró con I. Lakatos, pero sostuvo un planteamiento metodológico propio y peculiar, y su influencia no es menor que la de T. S. Kuhn, con el que comparte la paternidad de la célebre teoría de la *incommensurabilidad*, a la que llegaron ambos de modo independiente, según la cual dos teorías científicas no pueden ser comparadas si no tienen un lenguaje común. En el mismo sentido se había manifestado ya L. Wittgenstein.

Su principal aportación se relaciona con el método válido para la ciencia, y que recoge fundamentalmente en la obra titulada ilustrativamente *Contra el método: esquema de una teoría anarquista del conocimiento.*

Para Feyerabend todo procedimiento que sume conocimientos y que añada algo al conjunto del saber propio de una disciplina debe ser admisible. Suya es la frase *todo vale* y su posición doctrinal es conocida como *anarquismo metodológico.*

Concibe la ciencia de modo similar al arte, dice que no hay progreso, ni verdad, sino simple cambio de estilos.

Se le ha tachado frecuentemente de anárquico, de falta de sistematización de sus propuestas (que han ido cambiando continuamente) pero lo cierto es que la historia de determinadas materias, como de modo significativo ocurre con la sociología, ha venido a darle la razón. Desde planteamientos más estrictos en cuanto a las normas metodológicas aplicables se había venido apuntando hacia la cuantificación como el procedimiento más útil en este ámbito. En este sentido, el también austríaco Paul F. Lazarsfeld había defendido el uso principal de las técnicas de tipo cuantitativo en sociología.

Sin embargo, el desarrollo posterior de estas disciplinas ha acabado por asumir que ni el método cuantitativo (en el que todas las variables son cuantificadas y medidas) es tan absolutamente infalible (aunque presente evidentes aspectos positivos), ni el método cualitativo (en que se concede la primacía a consideraciones más ligadas al abservador, al científico y su aportación subjetiva) es absolutamente rechazable. Digamos que en la actualidad, la posición de Feyerabend es considerada como válida y es la que resulta mayoritariamente admitida en el ámbito de la investigación social.

Bibliografía:

FEYERABEND, Paul K. (1974). *Contra el método: esquema de una teoría anarquista del conocimiento*. Barcelona, Ariel.
--- (1995). *Adiós a la razón*. Madrid, Tecnos.
--- (1982). *La ciencia en una sociedad libre*. Madrid, Siglo XXI de España.

--- (1995). *Matando el tiempo: autobiografía*. Madrid, Debate.
LAZARSFELD, Paul y BOUDON, Raymond.(1979). *Metodología de las ciencias sociales*. Barcelona, Laia.
LAZARSFELD, Paul y KATZ, E. (1979). *La influencia personal: el individuo en el proceso de comunicación de masas*. Barcelona, Hispano Europea.

"PODEMOS": INCÓGNITA POLÍTICA 22/6/2014

Apariencia.-

Nombre evocador, aunque incómodo para algunos, tanto el del partido como el del principal epígono - No pretende quedarse en la izquierda, lógicamente quiere conseguir también votos descontentos del centro y de la derecha, aunque desde aquí el peligro parece estar más lejos, se piensa que primero tendría que devorar a la izquierda - Los partidos establecidos le temen porque es un nuevo reclamo que altera el "status quo", sin duda supone un sobresalto para la clase política existente ("casta") - Se asemeja al mensaje de la izquierda de siempre, pero ahora parece más creíble porque aún no se ha marchitado con el ejercicio del poder, ni con casos de corrupción, ni ha perdido la inocencia - Ropaje revolucionario aunque educado y con formas suaves -

Se presenta con el estandarte de la izquierda, que queda progresista y moderno, aunque eso puede ser un error estratégico, puesto que autolimita su alcance a esa franja electoral - Nuevo look, aspecto agradable - Usa las nuevas tecnologías, lo que le da un aire aún más moderno, a la vez que le dota de una mayor agilidad organizativa y maximiza unos recursos aún escasos - Invoca propuestas razonables, lo que más o menos muchos quieren y desean - No tiene, o al menos eso parece, "debe" - Novedad y líderes seductores - Se presenta como completamente democrático, simple, fresco, natural, puro y no contaminado - Domina los resortes demagógicos y se le reprocha una gran preparación en el marketing político (¿pero es que los demás no han tenido tiempo ni recursos para prepararse? Ese argumento no parece

bueno) - Gracejo respondón y atrevimiento juvenil juntos - Perfectamente legitimado por su inmaculado presente y casi inexistente pasado para reprochar a los demás la corrupción, los abusos de poder, los privilegios, las desigualdades, la injusticia, los errores, y un inacabable etc. - Se presenta como la verdad en estado puro, que dicha así esa verdad es vista por los demás partidos como populismo en estado puro (Y todos ellos saben mucho de ese populismo: la política es en gran medida populismo, demagogia y engaño, como toda acción publicitaria y de marketing) - Obvia todas las conquistas logradas hasta ahora por la clase política, como si todo estuviese por hacer - Se sienten ya poderosos y no vacilan en una próxima victoria, con ella ya se atreven a amenazar a los infractores - De todos modos supone un importante aviso para los partidos de siempre, y no solo para la izquierda -
Previsiblemente la clase política del nuevo partido se convertirá en la misma casta que la actual, aunque juega con la ventaja de que para eso hay que esperar un tiempo, el suficiente para instalarse - La situación de crisis tanto en España como en el resto de su entorno parece propiciar reacciones de este tipo, aunque de signo distinto en Francia, Reino Unido o España.

Utopía.-

Tiene bastante de utopía, pero la gente a veces las admite, sobre todo cuando el presente no es satisfactorio, hay desesperación y hace falta un cambio como sea - Evidentemente hay populismo en la nueva propuesta, aunque el personal ya está muy acostumbrado a ello - Los que señalan ese aspecto, tienen toda la razón, a ellos les ocurrió lo mismo - Decir soflamas está al alcance de cualquiera, sobre todo si no hay un horizonte inmediato en que tener que cumplirlas - La jubilación a los 60 o una renta mínima y universal a todos les gustaría, lo mismo que un mayor sueldo, o que vayan a la cárcel los defraudadores, que los bancos y corporaciones económicas no tengan tanto poder, que nuestra estancia en Europa solo ocurra si beneficia a la mayoría de los españoles, o que todos tengan una vivienda digna y que la consigan en un par de años o meses y que nadie se la pueda arrebatar si no la pagan, etc. - A todos les gustaría también que la electricidad, el agua, el gas y el teléfono fueran baratos o gratis, y también el alimento, el vestido, el wifi, el transporte o las vacaciones - Pero hay varios problemas: todo eso hay que pagarlo, hace falta dinero, y si no es así, hay que conseguir financiación a bajo interés, y si el país no es rentable, seguro y proclive a ese capitalismo, el dinero se va - Utopías ha habido muchas, y ya sabemos en qué han acabado - Lo malo es que los experimentos casi siempre pasan factura, en ocasiones las situaciones desesperadas pueden empeorar.

Realidad.-

El número de descontentos hay que precisarlo bien, no todos lo están tanto como se dice, hay muchos (la mayoría) que están contentos en líneas generales (sobre todo si se comparan con el entorno nacional e internacional) pero no se atreven a decirlo más que en las urnas - Para el poder real (el económico principalmente, aunque no únicamente) no parece que vaya a representar un extraordinario peligro (a pesar del tono amenazante), porque éste siempre está por encima de la lucha partidista, y caso de alcanzar el poder político, el nuevo partido tendría que pactar con el poder real para convivir en paz, como le ocurre a cualquier partido - Las "revoluciones" en el seno de Occidente tienen un margen pequeño de viabilidad, porque la gente no parece dispuesta a emular a Bolivia, Venezuela, y menos a Cuba, Corea del Norte, la China de Mao, o la URSS de Stalin - Es preciso tener en cuenta que, pese a todo, España es una democracia, que la justicia, aunque con dificultades, actúa, y los casos de corrupción se llegan a conocer y se juzgan, lo más grave es cuando ni siquiera salen a la luz - El país se encuentra en un entorno europeo y mundial al que mayoritariamente quiere seguir perteneciendo - Se trata de uno de los 30 países más ricos del mundo, a pesar de la crisis, y en líneas generales la sanidad, la educación y las infraestructuras son muy aceptables - Es completamente cierto que los que gobiernan han hecho muchos "méritos" en los últimos tiempos, sobre todo al hilo del boom económico: privilegios descarados y corruptelas frecuentes, además hay mucha gente en el paro y sin vivienda y la necesidad ha crecido mucho - Los ciudadanos entienden que algo debe de cambiar, los partidos de siempre han de reaccionar, la justicia debe actuar con más contundencia, los que se llevan el dinero han de devolverlo y pagar por ello, las normas han de adecuarse cuanto antes a estos nuevos tiempos, pero ¿la solución ha de ser tan radical como la que propone esta nueva formación política?

Futuro.-

Nadie lo sabe - Las disciplinas humanas poco pueden adelantar - Sin embargo la historia recuerda lo que casi siempre ha ocurrido, lo que puede servir de guía: como posible poder intermedio que es, el poder político ha de supeditarse al poder real, por otra parte es de suponer que la nueva formación se acomodará en su espacio natural, suplantando o conviviendo con otras opciones políticas afines, sus líderes se auparán entre

90

los ya establecidos, y no parece que sus propuestas revolucionarias puedan tener éxito en las actuales circunstancias - La psicología nos permite conocer la condición humana, y ésta siempre está deseosa de alcanzar el poder: lo que se observa claramente en en este caso, para lo que se hace uso de una gran cantidad de promesas (de muy difícil cumplimiento parece) - Por otra parte, el "espíritu del pueblo" español permite aludir a una serie de reacciones extremas, a una tendencia a la crítica propia de manera exagerada, y a un uso de la palabra y del comentario superficial más que a un análisis profundo de los hechos y desarrollo de una acción consecuente con los mismos, dentro de ese marco es posible encajar la aparición de fenómenos como el de este nuevo partido político.

Las Tic: (I) Introducción 1/7/2014

Abordamos aquí las tecnologías de la información y de la comunicación, "tic", probablemente una de las materias que más contribuyen a resaltar el aspecto novedoso de la sociedad, el cambio social, y ello se hace con la intención de contrastar si realmente nos encontramos ante un hecho absolutamente nuevo, suficiente para justificar de un modo sustancial una concepción de la sociedad completamente diferente a las precedentes, o si solo se trata de una novedad técnica, asimilable en parte a otros casos anteriores, y que produce un cambio de hábitat, de entorno, al que ha de acomodarse la vida social e individual de los hombres, pero que no nos autorizaría a hablar de una sociedad radicalmente nueva.

El hecho de haber elegido esta materia no se ha debido ni al azar, ni a una decisión caprichosa, sino que obedece a que quizás ninguna otra responde tan bien al propósito buscado al iniciar el presente proyecto, es decir, abordar de un modo decidido la cuestión del cambio social, y hemos entendido que las Tecnologías de la Información y de la Comunicación constituyen el mejor supuesto posible, por cuanto ofrecen un apabullante despliegue de novedades técnicas que nos permiten disfrutar de un "mundo nuevo", que es acogido mayoritariamente por la teoría social como el fundamento indiscutido de una nueva sociedad, completamente alejada y distinta de las precedentes.

Hemos asumido el reto de abordar de un modo crítico y contracorriente una de las materias en que fundamentalmente se sustenta hoy en día la teoría del cambio social, con la pretensión de señalar algunos de los excesos a los que se puede llegar si se dan por establecidos sin más la novedad y el cambio absoluto como viene siendo común entre la teoría sociológica de forma mayoritaria.

La expresión "Tecnologías de la Información y de la Comunicación" (en adelante "tic") es comúnmente admitida, ha cobrado por completo carta de naturaleza, y su significado no ofrece dudas, alude al conjunto de avances técnicos que tienen como objeto la información, tanto en su tratamiento como en su difusión y recepción. Son numerosas las ciencias que aportan sus descubrimientos al conglomerado de conocimientos que posibilitan actualmente estas tecnologías, así, entre otras, la física, la informática, la electrónica, la biología, la química, la robótica o la matemática, ocupan lugares destacados en este protagonismo científico.

El carácter "novedoso" de todas estas tecnologías ha de ser precisado. Conviven bajo esta denominación descubrimientos e inventos que datan de fechas "recientes", el DVD por ejemplo, con otros más "veteranos", de más de sesenta años, como es el caso de los primeros ordenadores. De todos modos, la comercialización de un producto tecnológico normalmente no obedece a una invención repentina, el proceso suele ser la culminación de muchos años de trabajo de grandes corporaciones que invierten ingentes cantidades de dinero y medios en ir mejorando las prestaciones de productos ya existentes. La genialidad individual cada vez más va dejando paso a ese nuevo modo de progreso, la ciencia avanza sobre sus propios conocimientos y los fundamentos científicos de ordinario encuentran sus raíces en otras épocas. Conviene, sin embargo, llamar la atención sobre un hecho destacable, la valoración del tiempo en la época reciente; un período de veinte o treinta años, que hasta hace poco era considerado como un lapso históricamente breve, actualmente puede suponer una eternidad. Particularmente en dominios como los de las nuevas tecnologías, la gran velocidad que se imprime a los cambios hace que en cuestión de un año o incluso meses, el estado de conocimientos pueda sufrir modificaciones trascendentes.

Los consumidores han asumido ya plenamente esa circunstancia, y cuando adquieren un equipo informático nadie duda que, por más sofisticadas y sorprendentes que sean sus prestaciones, es difícil que sea lo último que exista en el mercado, con total seguridad en algún lugar se estará ya mejorando. Así pues, la compra de esos aparatos nunca es de carácter muy duradero, no porque se produzca el deterioro de sus componentes físicos, sino porque el estado general de la tecnología los hará obsoletos en un plazo corto. La interrelación constante de las nuevas tecnologías entre sí y con otros usuarios hace que las antiguas pierdan de inmediato buena parte de su valor y sean repudiadas tan pronto como otras nuevas vienen a implantar su mayor eficacia. En este sentido, aumenta constantemente el número de los conocidos como *willing users*, amantes de las tecnologías de última generación. El hecho de poseer o usar un instrumento con el que no cuenta el círculo de referencia, es un valor importante que está surgiendo al hilo de la configuración social que generan estas nuevas tecnologías. Lo último o novedoso constituye un valor en sí mismo, con independencia de la necesidad o utilidad real que pueda tener para el usuario. Para no quedar descolgado de ese círculo de referencia, es necesario contar por lo menos con los mismos instrumentos técnicos que los miembros de ese círculo, lo que induce a la adquisición del correspondiente material técnico.

Sorprende comprobar el elevado volumen de negocios que se mueve en torno a estas tecnologías y el alto crecimiento anual de las cifras, lo que representa una muestra de la importancia de este sector de la economía y de su imponente tendencia al alza. Incluso se han hecho necesarios espacios bursátiles propios y específicos. No sólo aspectos de magnitud económica han llevado a esta situación, las propias características de estos valores han hecho aconsejable la adopción de esta medida, especialmente la incertidumbre que se produce en torno a ellos, la zozobra, alto riesgo y cambio constante que es norma habitual de sus cotizaciones. No existen aquí, ordinariamente, los mismos parámetros que suelen utilizarse para valorar una empresa convencional, circunstancias distintas y generalmente intangibles suelen condicionar en mayor medida la cotización de estas nuevas empresas. El poder de atracción y fascinación que ejercen en los ciudadanos son elementos que influyen mucho en la consideración económica de estas entidades, a lo que se une la reticencia por parte de los valores tradicionales a dejarse arrastrar por los vaivenes de estos más novedosos, que cambian, multiplican o dividen su valor en muy poco tiempo, haciendo de la estabilidad algo completamente ajeno a su comportamiento en los mercados. Muchas de las mayores fortunas se forjan actualmente entre los magnates que gestionan estos nuevos mercados, que de la noche a la mañana ven multiplicar sus cuentas de resultados por índices impensables hace muy pocos años, aunque también grandes caídas suelen ser frecuentes en estos dominios, donde a una gran subida, suele acompañar una no menor bajada.

Juerga, negocio, bálsamo 9/7/2014

Entre los elementos del cambio social queremos destacar principalmente tres, a veces distintos y a veces mutuamente reconducibles y simplificables los unos en los otros, y que se nos muestran como el resultado del análisis afrontado en la obra concluida; su presencia es constante en la mayoría de las manifestaciones del objeto estudiado, el cambio social, y el objeto de lo que sigue no es otro que tratar de ejemplificar esa presencia, en sus variadas y multiformes apariciones.

La nota de *juerga* la hemos querido recuperar en alusión a uno de los iniciales y quizás permanentes planteamientos vitales de Marx, quien pasa por ser de los principales propulsores de la idea de cambio social (con su propuesta de la lucha de clases como motor de la historia, pero al propio tiempo tratando de favorecer la acción de una de dichas clases para precipitar ese cambio), y pese a que esa idea se fraguase en su mente por el efecto combinado de la dialéctica (a través de la izquierda hegeliana), el socialismo francés y la economía política inglesa. Aunque pueda decirse, con cierta sorna, que más determinante ha resultado para el efecto final de ese cambio el inventor de la lavadora automática, por poner un ejemplo cualquiera, que quien ha puesto el acento en la necesidad de impulsar la lucha de clases y apostar por la acción revolucionaria del proletariado, puesto que la primera se mantiene y la segunda ha sido relegada. Pues bien, K. Marx comenzó a darse a conocer en Tréveris, su ciudad natal, donde creó junto con otros la célebre "Sociedad treverina de amigos de la juerga". Aunque anecdótico, ese hecho lo entendemos nosotros como revelador de una constante en su vida y en la de la mayoría de los

97

individuos, la búsqueda de la juerga, del juego, de la satisfacción. En realidad el concepto de "juerga" resulta quizás impropio, pero hemos querido su uso en base a ese significativo antecedente histórico. Se trataría más bien del placer, de la satisfacción que para un intelectual, y en general para cualquier creador, representa el hecho de alumbrar, de sacar a la luz una idea, un producto de su mente. Esa finalidad aplicada a los intelectuales, los que ejercen de líderes de opinión, de la masa social, les lleva a la búsqueda de originalidad, para darse a conocer, para destacar en definitiva, puesto que si se mantiene la doctrina y la creencia tradicional no se produce el efecto deseado, de popularidad, de producir obras intelectuales nuevas, de sobresalir sobre el resto.

En ese sentido, las numerosas explicaciones que se han dado sobre las causas y los efectos del cambio social han cumplido ese papel, al igual que cualquier otra aclaración sobre el funcionamiento de la mente y del comportamiento del hombre y de la sociedad. Por tanto, tan novedosa es la postura marxista sobre el cambio social, como el redondo sistema kantiano sobre el conocimiento humano. En realidad la novedad, y el efecto satisfactorio que para sus autores tienen los mismos, puede predicarse igualmente en ambos casos, por encima de consideraciones más subjetivas sobre el carácter de Marx y Kant, tan opuestos en apariencia, pero quizás igualmente complacidos en sus respectivos fueros internos.

Lo que nos interesa resaltar aquí es la fuerte ligazón existente entre novedad, cambio, originalidad y satisfacción personal del autor que a través de ella logra un reconocimiento personal propio de su ocupación de intelectual, de creador en suma.

El *negocio*, entendido como beneficio o efecto favorable, se encuentra plenamente presente en el planteamiento que encubre la concepción del cambio social. Mantener que la realidad social cambia, que es diferente por el mero transcurso del tiempo, no es irrelevante, sino que implica una serie de beneficios para diferentes sujetos. De una parte, el que se encuentra tras la propuesta explicativa de las posibles causas de ese fenómeno cuenta con el beneficio de la duda, y de hecho la historia del pensamiento está llena de análisis y conclusiones sobre la forma de entender y considerar el hecho en sí del cambio, sobre las claves para su interpretación, y sobre las ventajas de la aceptación de la nueva propuesta que se formula. La sociedad asimismo se beneficia de ese planteamiento, que lleva a una cándida creencia de que la comprensión de la realidad está próxima, aunque ello suponga renovar una y otra vez la confianza en que llegará aquél que sepa explicar de verdad esa realidad social, y que ello supondrá una mejoría para la vida en el futuro.

Íntimamente unido a ese planteamiento se encuentra la identificación cambio social-progreso, y avance científico y tecnológico, y desde ese punto de vista aquellos promotores de la idea de cambio-progreso-mejora científica-tecnológica cuentan con el beneplácito de quienes se suponen beneficiarios directos e inmediatos de toda esa amalgama de cambios mejoradores. Desde esta perspectiva, tan satisfactoria resulta la situación para las empresas y organizaciones que afrontan esa labor, como los consumidores y usuarios de toda esa nueva tecnología.

Por tanto, de esa concepción optimista, esperanzada y satisfactoria que subyace al planteamiento del cambio social, tanto provecho obtienen, en principio, los señalados empresarios como los usuarios, pero también, desde el punto de vista teórico que nosotros abordamos igualmente, aquellos intelectuales que contribuyen a alimentar y mantener esa concepción, y que se prestan continuamente a llenar el hueco que el fracaso de una teoría explicativa ha encontrado en su propósito aclaratorio de la realidad.

El *bálsamo*. A falta de una auténtica explicación de la realidad, ubicar en el cambio social la solución a lo que ocurre, y proponer distintas alternativas para descifrar esa realidad supone de hecho una pacificación de la cuestión, un modo de llevar tranquilidad a un dominio que podría estar colonizado por la interrogación. Cuando se sugiere que ese cambio puede deber su razón de ser a una determinada circunstancia, y que puede tener sentido en función de una clave interpretativa concreta, se produce un efecto espera, un aplazamiento del debate, puesto que todo queda pendiente de una comprobación que requiere tiempo y contraste para un veredicto, lo que supone que se instale una momentánea estabilidad y efecto balsámico. En este punto hay que decir que tan tranquilizador puede resultar el cambio como la estabilidad, es decir, si partimos de una situación de cambio social y el movimiento social se percibe como tendente a una estabilidad, podemos entender que tiene lugar un efecto tranquilizante, pero si la situación es la contraria, es decir, de una permanencia se pasa a una circunstancia cambiante, asimismo se produce ese efecto balsámico.

La dinámica explicativa que la teoría del cambio social implica, hace que la sociedad confíe en que está en buenas manos, y que de ella vendrá en algún momento la aclaración definitiva de las claves de los cambiantes procesos sociales. La idea dominante parece ser que ese es el camino, y que si no se ha alcanzado la solución final a esos interrogantes, ello es debido a lo extraordinariamente variables que se muestran las circunstancias de la sociedad, pero tampoco eso tiene mayor importancia porque ese cambio es de progreso y por tanto quizás sea un precio que debamos pagar por ese, en conjunto beneficioso, estado de cosas. Así pues, aunque la teoría no lo explique todo, se encuentra en la senda correcta y tarde o temprano es posible que alcance sus objetivos, pero de todos modos hace esfuerzos que dan sus frutos, puesto que hay numerosas teorías que cifran en causas concretas las claves de ese cambio, aunque su vigencia no sea nunca definitiva. Eso lleva a un cierto letargo intelectual que encuentra satisfacción en la existencia misma de esa teoría "explicativa".

Se trata de una de las "soluciones" más acabadas que las disciplinas humanas encuentran para responder a las preguntas que el hombre se hace sobre el sentido de la vida, sobre la naturaleza de la realidad y de la vida social. Frente a las "soluciones religiosas", esas disciplinas afirman que la sociedad está en continuo cambio y que ese cambio supone progreso.

Jean PIAGET 17/7/2014

Resulta difícil de clasificar el suizo Jean Piaget (1896-2980), porque su ámbito de influencia ha sido muy amplio. Precisamente por ello nos interesa traer aquí el recuerdo de su figura: de formación biológica, enseguida se inclinó por ampliar sus estudios en el dominio de la psicología, la lógica, la matemática o la filosofía.

A él se debe el nacimiento de la disciplina moderna conocida como *epistemología genética*. En ella se engloban toda una serie de conocimientos relativos al análisis de los procesos que tienen lugar en la mente del hombre hasta alcanzar los mecanismos complejos que le permiten la madurez propia de los individuos adultos.

Tomando como objeto de sus estudios a sus propios hijos, de modo detallado y concienzudo fue acumulando datos referidos a las fases por las que va pasando la mente humana en su proceso de formación, señalando todas aquéllas que presentan una cierta importancia en esa evolución.

No se trata, contra lo que en apariciencia pueda indicar la denominación de la disciplina, de destacar la importancia de la carga genética en la configuración de la capacidad del conocimiento humano, sino en el proceso de génesis que esa capacidad experimenta hasta lograr su culminación.

Más que por la importancia de sus aportaciones concretas al campo más inmediato de su labor, la biología, nos interesa sobre todo por el fruto de su metodología interdisciplinar. Efectivamente, partiendo de ciertas influencias filosóficas del evolucionismo, fue avanzando en sus hipótesis, llegando a través de una continuada labor de investigación científica a establecer todo el proceso que la mente humana experimenta, pasando de unas fases de un conocimiento más elemental hasta otras en que es capaz de manejar contenidos de tipo matemático, de cálculo o mucho más abstractos, en que es posible la elaboración de razonamientos de una superior entidad lógica.

El volumen de su obra ha sido enorme, destacando nosotros aquí como un pequeño homenaje:

- *Introducción a la epistemología genética.* (1975) Buenos Aires, Paidós.
- *Seis estudios de psicología.* (1992) Barcelona, Labor.
- *Psicología y pedogagía.* (2001) Barcelona, Crítica.

PATOLOGÍA SOCIAL (Think tank) 26/7/2014

¿Genera parálisis la interdisciplinariedad?

Con ocasión de la muerte de Isabel Carrasco, víctima de varios disparos por la espalda a manos de una madre enloquecida por el deseo de vengar la suerte de su hija, hemos creído interesante amontonar algunas de las numerosas opiniones y pensamientos que ese hecho ha despertado en nuestro país.

Pretendemos mostrar algunas consecuencias que para la explicación de una determinada acción o pensamiento tiene el hecho de invocar una cierta cantidad de *inputs* atinentes al caso. Se trata de explorar el efecto que en ese tipo de actividad humana tiene la concurrencia de numerosas ideas aportadas desde una visión interdisciplinar, independientemente de que sean más o menos pertinentes (enjuiciamiento que no viene al caso, ni es el propósito).

A primera vista parece que esas consideraciones generan una dosis notable de parálisis, pues puede pensarse que unas contrarrestarían a otras, sin embargo, nos resistimos a creer que por ello debamos abandonar esa práctica, que desde el punto de vista del investigador social tenemos por útil. Procedemos a continuación a poner en práctica tan breve experimento.

La víctima: de infancia difícil, tildada de implacable, indomable, eficaz, sin miedo, poderosa, etc. - Crimen horrendo, a sangre fría, por la espalda, de preparación concienzuda - Diversas corrientes de opinión (la interna y la externa, la hipócrita, la sincera) han interpelado conciencias y han generado un gran debate moral - La venganza, el ojo por ojo, aplicar el castigo por la propia mano, al margen de la ley - Redes sociales como novedad, permiten decir "impunemente" a cada uno lo que quiere y con bastante alcance - Reacción unánimente en contra de la clase política - Hecho que ha beneficiado a pequeños partidos; capitalizando el odio coyuntural (por la situación de crisis económica y de valores morales) contra la clase política, dentro de la categoría de sucesos preelectorales destacados, como el 11-M - Ha puesto de manifiesto el carácter enfermizo y exagerado de determinadas relaciones paternofiliales, prolongándolas excesivamente, fenómeno agravado por la crisis y por la cultura familiar, muy habitual entre nosotros - Máxima del "todo vale", no hay límites que se opongan a lo que deseamos, lo que importan son los fines - Distintos biotipos de los protagonistas, casi todas mujeres: la presunta autora, llena de odio desproporcionado, la sumisa y trabajadora hija (que ha hecho mucho esfuerzo) bloqueada por el caciquismo adverso, la amiga fiel, la víctima (odiosa enemiga), la enchufada, las ambiciosas, la ociosa madre, la neutral y ecuánime jueza, las mujeres dedicadas a la política (escenifican el aborrecimiento y unión ante el execrable acto). Frente a ellas, el padre y marido consentidor, pasivo, paria familiar, ignorante de todo, trabajador abnegado y respetuoso - Muestra de forma descarnada que la vía del caciquismo y del nepotismo en la política y en la profesión constituye un medio muy útil y usual para salir adelante, llegando la vulneración de ese mafioso principio a justificar la venganza mortal - La locura y la ambición como causas de la acción criminal - El ocio del ama de casa - Personajes shakespearianos - El poder de la justicia y el mundo de la cárcel: la situación dentro del penal, las mafias, las presas-sombras y la prevención del suicidio - El crimen y su carácter deleznable, opiniones encontradas, la moral y la hipocresía social - El papel de los medios de comunicación: saña, negocio, globalización, encuentro con los bajos instintos, elemento para distraer y captar atenciones - La religión como elemento insuficiente para parar el mal - Advertencia sobre la "tranquilidad" de provincias: Astorga y sus encuentros recientes con la muerte. Por una parte, la locura y determinadas tendencias autodestructivas de origen genético de los Panero (como en el caso de los Wittgenstein), el papel de la propuesta antipsiquiátrica (Foucault, Deleuze, Guattari), y el genio, el alcohol, las drogas o la marginalidad como frecuentes cooperadores necesarios. Por otra parte, la presunta autora movida por la ambición, el odio y también la locura: fácil relación, difícil distinción.

Sociedad y tiempo 3/8/2014

¿Cómo afecta el transcurso del tiempo a la sociedad y al hombre? La idea de "progreso" ha dado mucho juego históricamente a las numerosas teorías que han abordado esta cuestión. En general se ha entendido que la humanidad seguía una línea evolutiva, de mejora constante, de "progreso" en suma, que hacía que el hombre se encontrase cada vez mejor, y que alcanzase unos niveles de conocimiento y bienestar más elevados, aunque determinados hechos han permitido reconsiderar esa postura.

Pese a que en términos absolutos la cuestión no ofrece dudas (de hecho pocos aceptarían actualmente, entre los occidentales al menos, la hipótesis de retroceder en la historia hasta épocas más remotas), sin embargo en términos relativos, midiendo determinados parámetros particulares y sociales (como por ejemplo el grado de felicidad, la realización personal de cada sujeto o la amenaza de destrucción o de desaparición del hombre y de su entorno ambiental, la crueldad de las armas de destrucción masiva, etc.) hay elementos suficientes como para poner en entredicho esa idílica idea de una marcha ascendente del hombre hacia un grado de desarrollo cada vez mayor y más satisfactorio. [1]

Sobre este particular, ese o parecidos planteamientos presentan algunos aspectos susceptibles de una consideración en otros términos. De acuerdo con la presente propuesta, la sociedad y el hombre se mantienen dentro de unas similares coordenadas, que permanecen con el paso del tiempo y, desde esa perspectiva, hablar de progreso no tiene mucho sentido, puesto que la identidad es la nota dominante. Evidentemente hay

107

cambios, sobre todo en lo relativo a las condiciones de vida diarias, al hábitat en que el hombre se sitúa, y es sólo en este ámbito en el que propiamente cabría referirse al progreso y a la evolución.

Por supuesto que el conocimiento de la naturaleza cada vez es mayor, cada vez el hombre domina más su entorno, cada vez tiene más experiencia, pero eso ahora y siempre ha encerrado peligros derivados de la propia condición humana, del uso ambivalente de la tecnología, algo que siempre ha existido. Desde "la muerte de Abel a manos de Caín" el hombre no ha dejado de agredirse, y lo seguirá haciendo siempre, lo que ocurre es que cada vez lo hará con armas más devastadoras, más mortíferas, y si no hay una regulación eficaz de ese poder destructor hemos de contar con la posibilidad muy cierta de que el hombre acabe por destruirse a sí mismo y a su hábitat en cualquier momento, pero esa es una consecuencia de la naturaleza humana y de la acumulación de conocimientos, no de que la sociedad haya cambiado de una manera sustancial, sino del propio devenir histórico del hombre y de la sociedad.

En relación con la concepción del carácter acumulativo del conocimiento humano, de su capacidad para mejorar de forma continuada la vida diaria de los individuos y de la sociedad, en ocasiones nos topamos con circunstancias que pueden hacer dudar de ese postulado, ha habido casos en que a un periodo floreciente del conocimiento en todos los ámbitos del saber le ha sucedido otro de oscuridad. Así podemos referirnos al "apagón" que se produjo al inicio de la Edad Media tras la brillante aportación de la cultura y la ciencia griegas. Hay posturas que atribuyen ese hecho a la pujanza de un credo religioso, pero con haber sido importante esa circunstancia, destacados especialistas como B. Farrington[2] no opinan así, considera este autor que la causa ha sido que la elite cultural no tuvo interés en transmitir aquel acervo de conocimientos a otros estratos sociales inferiores. Sin prejuzgar esa premeditación de clase, estimamos que para que un determinado conocimiento tenga éxito y continuidad es preciso que se ubique adecuadamente entre los instrumentos que operan como agentes transmisores de cultura, y no es suficiente que algunos individuos, por brillantes que sean, conciban una idea o un avance tecnológico, además ha de poder ser asimilado por los individuos y por la sociedad. Es decir, a veces una idea o una aportación científica no fructifican por falta de tierra fértil o idónea para la semilla de que se trata. Si además de ello concurren circunstancias "medioambientales" adversas como puede ser una ideología o unos intereses contrarios, el éxito de la producción, de la cosecha será mucho más problemático. En el caso que observamos, podemos hallar rastros de todos estos elementos: un previo desarrollo técnico e intelectual muy elevado, una falta de arraigo en el contexto social de la época de recepción (en la que se produjo la invasión de unos pueblos con una cultura inferior, que no disponían de los mecanismos suficientes como para asimilar unos planteamientos tan superiores), y una religión que aportaba una propia concepción, no sólo espiritual, sino también sobre la naturaleza del hombre y del mundo, y que satisfacía las inquietudes intelectuales del hombre de la época. Se conjuntaron todas esas circunstancias, entre otras, para ocasionar ese "apagón tecnológico", que en algunos aspectos no fue superado hasta la llegada del Renacimiento.

Hemos mencionado aquí la situación en la ciencia, a continuación aludiremos, simplemente a título de ejemplo, a algún otro caso diferente, así hacemos referencia a una disciplina humana como puede ser la filosofía, que mantiene actualmente la misma denominación, y a otro supuesto que tiene que ver con un sentimiento, con una actitud y un comportamiento humano, el nacionalismo, para ilustrar sobre fenómenos y hechos sociales diversos, y que no obstante presentan una permanencia notable pese al tiempo transcurrido.

Si nos acercamos a fenómenos como la filosofía, ¿qué podemos decir desde el presente punto de vista?, ¿ha cambiado realmente?. Lo único que ha cambiado ha sido el enfoque, hoy en día se afrontan los problemas filosóficos con una sensación de agotamiento de ofertas, pero en lo fundamental el planteamiento es el mismo de hace 2500 años. Los objetivos que antes concitaba la filosofía, ahora se difuminan, se reparten entre otras disciplinas como la sociología, la psicología, la lingüística, etc. Si analizamos pormenorizadamente las cuestiones que preocupaban al hombre de esas otras épocas, por ejemplo los valores morales, su ausencia, el éxito y los medios para lograrlo, la fiabilidad o no de los sentidos, las instituciones de gobierno y de organización, etc., vemos que se siguen planteando en términos muy semejantes en la actualidad, aunque ahora contamos con muchas respuestas ofrecidas por los numerosos "intelectuales" habidos desde entonces.

La filosofía sigue siendo una actitud mental, intelectual, un modo de abordar los últimos y los primeros porqués, de dar cuenta de la realidad, que ha sido recogido por multitud de pensadores desde siempre, y que ha sido tratado con fórmulas más o menos imaginativas, eficaces o exitosas en todo este tiempo, por numerosas personas que se han dedicado a estos menesteres. Hoy la influencia del filósofo sobre el conjunto del saber parece haber disminuido respecto a otras épocas, pero en momentos de crisis, de conflictos, se sigue volviendo la vista hacia sus consideraciones. En la medida en que actualmente ha aumentado el pensamiento "científico", parece que el conocimiento opinable, el no experimental, ha perdido importancia.

Respecto al nacionalismo, hemos de decir que siempre ha existido, su exceso ha dado lugar en nuestro tiempo a fenómenos extremos como el del nacional-socialismo, a numerosas confrontaciones bélicas y a fenómenos terroristas. Hay miles de supuestos susceptibles de encarnar naciones[3], pero además la pulsión nacionalista puede generar un proceso inacabado de nuevas creaciones o de alteración de los límites o naciones existentes. Se inventan elementos para potenciarlo, se miente, se modifica la realidad para ello. Hay muchos intereses para crear una nueva nación, y no solo por parte de la clase política directamente favorecida, sino también por parte de otros grupos o estamentos. El nacionalismo da lugar a muchos conflictos, luchas y tensiones, es un elemento de inestabilidad y de confusión, es una excusa para alterar el orden establecido. Se suele decir que lo conveniente es mantenerlo en un nivel moderado, no provocarlo ni reprimirlo, aunque no resulte fácil el control de las fuerzas capaces de desencadenarlo y ponerlo en movimiento. Por otra parte, el nacionalismo también posee una cara favorable, sirve para afianzar y mejorar aspectos individuales, para integrar y dar coherencia a un grupo social determinado. Se suele educar en él desde la infancia y tienen mucha importancia los símbolos y los signos, además redefine interna y externamente al grupo. Creemos que tan malo sería su exceso como su inexistencia desde el punto de vista de la subsistencia de esos grupos sociales. Lo que en este punto nos interesa señalar principalmente es la permanencia del fenómeno, con épocas de mayor o menor notoriedad, pero con una presencia siempre actual. Resulta pertinente referirnos aquí a lo que de un modo explícito algunos autores[4] llaman *perennialismo*, como corriente que centra la atención sobre la existencia del fenómeno desde siempre.

[1] En relación con esta cuestión véase, entre otras, la obra de R. Nisbet, *Historia de la idea de progreso*.
[2] Farrington, B. *Ciencia y filosofía en la antigüedad*.
[3]Gellner, en *Naciones y nacionalismo* (1988:65) señala que hay más de 8000 lenguas y por tanto posibles naciones, aunque solo unas 200 hayan llegado a "ladrar", y alude a la exageración nacionalista, al igual que Hobsbawn y otros muchos.
[4]Smith. A. *El nacionalismo*.

Identidad en "las diferencias" 10/8/2014

Entendemos que estamos ante el mismo fenómeno social cuando nos encontramos con igual actividad, a pesar de las circunstancias diferentes. ¿Cuándo un fenómeno cambia? Cuando la actividad es diferente. Así si los ciudadanos de un determinado país organizan sus actos públicos bajo la fórmula de una democracia, en que el voto de la mayoría decide los asuntos públicos, parece que nos encontramos ante un supuesto diferente que si analizamos una dictadura, en que la decisión la toma una o un grupo reducido de personas; sin embargo en ambos casos hay notas comunes, en ambos se trata de fórmulas más o menos impuestas.

En principio lo que querría cada uno de los ciudadanos es gobernar o decidir él mismo, si la dictadura favorece esa pretensión, sin duda la apoyará, y si la democracia no lo hace, la aborrecerá, pero si ambas producen los mismos efectos, parece preferirse la democracia porque el poder se reparte más, se cree que puede llegar a "tocarle" a sí mismo alguna vez, aunque seguramente no será así, y quizás fuese más fácil emparentar con la familia del cacique local, que el hecho de que le elijan alcalde. Por tanto, desde el punto de vista del individuo, el sistema de gobierno es un instrumento que persigue la misma finalidad, organizar, si no hay más remedio, la vida en común mediante la imposición de unas normas que resultarán obligatorias.

En una democracia, se supone que cada ciudadano puede elegir periódicamente y cambiar de política si la mayoría no está de acuerdo con el gobierno, pero en una dictadura también, si la mayoría no está de acuerdo con el gobierno, podrían unirse y acabar con el dictador y su entorno, aunque parezca a primera vista más difícil. Además, si el dictador y sus apoyos son minoría, beneficiará a menos gente su abuso de poder que si se benefician todos los dirigentes democráticos, que además han de darse prisa, puesto que es posible que en las siguientes elecciones no repitan cargo.

Por otra parte, en un cierto tono jocoso puede decirse que los mecanismos de corrupción, son más fuertes en la democracia que en la dictadura, puesto que una tiranía corrupta, en sentido estricto, no puede darse porque degeneraría en una democracia, mientras que en una democracia, la corrupción la lleva hacia una tiranía; es decir en el primer caso la corrupción es consustancial al sistema, y en el segundo estaría mal considerada. A donde queremos llegar es al hecho de que, con independencia del sistema político, democracia o tiranía, el hombre lo que quiere es un sistema de gobierno, que le gobierne lo mejor posible, que le cause los menores problemas posibles y que le otorgue los mayores beneficios posibles.

Históricamente se han ido ensayando y alternando soluciones, ninguna es perfecta, aunque en nuestros días la más convincente parece ser la democrática. Pero caracterizar la "sociedad" actual como "la sociedad de las democracias", nos parece un tanto superficial, puesto que lo que hay que ver es qué es lo que "quiere el hombre, individual y colectivamente, que es lo que pretende, cual es su objetivo, y no el instrumento concreto con el que lo logre o lo pretenda.

Lo más destacable de la naturaleza del hombre y de lo social es la necesidad de un instrumento concreto para conseguir unos determinados objetivos, más que el instrumento en sí mismo, que es cambiante, aunque tenga largos periodos de permanencia. Lo que sostenemos es que el sistema de gobierno podría cambiar, sin que desapareciera la sociedad o la esencia del ser social del hombre, es decir que la forma de gobierno no es algo sustancial.

Buscamos el acotamiento de ámbitos en los que esa naturaleza social y humana se ubiquen con comodidad y con universalidad, siempre y en todo lugar, y que no puedan variar a lo largo del tiempo y del espacio. Para el propósito de redefinir una ciencia sociológica hemos de prescindir de las notas cambiantes, que hemos de dejar en manos de la historia o de la antropología, y hemos de centrar nuestros esfuerzos en llegar a lo general, a lo que no cambia; ahí estará el objeto de nuestra disciplina. Aunque lo accidental, mucho tiempo sostenido puede llegar a ser entendido como sustancial, no lo es, por eso no sirve con preguntarles a los ciudadanos por la sociedad, cada uno conoce algo de su entorno, pero haría falta una encuesta global, y ni aún así podríamos llegar a un conocimiento exacto de la realidad.

Es decir, con el actual procedimiento sociológico podemos llegar a entender cómo piensan los individuos y cómo actúan, lo que vale para el mercado, para saber lo que se quiere comprar, pero no para saber hacia dónde va la sociedad. Para ese modo de proceder científico, la especialización es la consecuencia lógica, porque la realidad es inabarcable si no es así, pero esa especialización no produce efectos satisfactorios porque los especialistas se diversifican, no concluyen y no hay generalizaciones, y así no llega a conocerse la sociedad, no hay conocimientos generales que procesen esa información tan desagregada.

115

Ni leyes, ni ciclos 21/8/2014

Hay que tener en cuenta que en lo social las leyes generales absolutas son imposibles. No se trata de buscar un tipo de normas, de conductas repetidas, que se reproduzcan exactamente en diferentes etapas de la vida de los individuos, puesto que el hombre no se comporta exactamente igual en diferentes momentos. Puede decirse que hay una cierta continuidad que depende del carácter y circunstancias, de la formación y experiencia de cada persona, y que le lleva a un similar modo de afrontar los hechos de la vida diaria.

En un sentido semejante ocurre con los hechos que se producen en la sociedad, es decir el comportamiento individual agregado que tomamos por representativo de la misma en un momento determinado. Los hechos no se repiten exactamente en dos momentos históricos diferentes, aunque podemos operar admitiendo su semejanza, un alto grado de coincidencia con otra situación más o menos parecida. Pero ni aún así la suma de los factores desencadenantes de una determinada conducta produce siempre el mismo resultado, puesto que concurren muchas circunstancias cuyo análisis es muy complejo o imposible de sopesar por completo. Por tanto, hablar en el ámbito de lo social, del hombre, de leyes generales, de comportamientos pautados y previsibles, supone una actitud poco acertada y sirve únicamente como referencia, como ejercicio teórico de clasificación, pero sin unos resultados verdaderamente útiles para el conocimiento de la sociedad.

Por otra parte, en este momento hay bastantes argumentos para no considerar aceptable el historicismo, entendido como si la historia humana tuviese un fin determinado, al modo que autores tan significativos como Hegel o Marx, entre otros muchos, lo han concebido. Popper [1] ha señalado certeramente muchos de sus puntos débiles, que compartimos plenamente.

Tampoco se trata de que en la historia de la humanidad se reproduzcan cíclicamente, por un capricho geométrico de la realidad, los llamados por Vico, *corsi e ricorsi*, postura muy seguida por otros teóricos de las ciencias sociales, lo que vendría a ser como una repetición que periódicamente acontece en el transcurso de la sociedad. Entendemos que ese procedimiento explicativo de la realidad no es acertado porque evidentemente que la sociedad vuelve a recorrer lugares previamente transitados, repite conductas más o menos conocidas y de las que queda memoria, pero ello no se debe a una casualidad, al azar de los hechos o a un capricho histórico, sino que se produce porque la posibilidad de la acción individual y social tiene unos límites y unas determinadas opciones posibles, entre las que se va moviendo históricamente. El hecho de que a una situación de paz le suceda un periodo bélico, y de nuevo la paz, no podemos explicarlo por la teoría de la vuelta de los ciclos, de la repetición de los procesos, sino porque forzosamente cuando se deja de adoptar un comportamiento, se pasa a otros diferentes, pero, como éstos no son ilimitados, en muchas ocasiones se repite la conducta, máxime cuando las opciones son muy generales y están definidas por referencia a unos hechos muy amplios, con muy pocas variables, como por ejemplo las categorías señaladas de guerra o paz, o las de consenso o conflicto, igualdad o desigualdad, etc.

Por tanto hablar de predicción de las conductas humanas, de un hecho social, es muy arriesgado y no puede otorgársele mucha credibilidad. El acierto posible obedece más al azar, a las escasas opciones disponibles, a la inminencia o previsibilidad de la conducta considerada, que a la metodología o exactitud del diagnóstico. Al igual que ocurre con el individuo, podemos también hablar de pautas, de posibilidades, al referirnos a los hechos sociales, pero adivinar su recorrido exacto, el derrotero concreto que finalmente tome una conducta de un grupo social es muy difícil, siempre subsistirá la opción cierta del error, porque en el último momento cualquier circunstancia imprevista puede hacer variar el propósito inicial del grupo, y resulta imposible valorar adecuadamente el peso de todos los factores intervinientes. Así, pues, en el ámbito de las ciencias humanas no se puede hablar de exactitud, sino de probabilidad, pero ésta siempre se puede ver truncada por circunstancias no debidamente contempladas o por un cambio caprichoso del actuar humano y social. Precisamente por estos motivos el carácter "científico" en el ámbito de lo social es causa de un continuo debate teórico, que generalmente acaba en desacuerdo, aunque parece más indicado referirse a "disciplinas" que a "ciencias", por las connotaciones que estos conceptos arrastran.

[1]Popper, K. *La miseria del historicismo.*

Racionalismos 2/9/2014

Con este título aglutinamos dos posturas teóricas que no tienen un mismo planteamiento, pero cuyas consecuencias aconsejan un tratamiento similar. Los autores de los que parten, Weber por una parte, y Colleman, Elster [1], etc. por otra, no mantienen entre sí unos especiales lazos teóricos o de afinidad doctrinal precisamente, pero ambas posiciones proponen un importante papel para la razón en el seno del comportamiento de los individuos y grupos sociales, resaltando especialmente esta dimensión como una de las que permiten caracterizar más adecuadamente el tiempo presente, aunque la referencia temporal no sea la misma en ambos casos, puesto que las separan casi un siglo.

Max Weber evoca la importancia que la racionalización creciente tiene en la organización de las sociedades modernas, hasta el punto de constituir uno de sus hechos históricos más destacables, en cuanto es el único modo de que sea posible la existencia de dichas sociedades, dada su complejidad y su tamaño. Uno de los instrumentos principales de que se nutre ese proceso de racionalización de la sociedad es la burocracia, que en buena medida se identifica con ella y que no es otra cosa que el conjunto de procesos reglados conforme a los que se disciplina buena parte de la actividad pública y privada, de acuerdo con unas pautas de conducta generalmente establecidas y admitidas como la única y la mejor solución para el fin de dicha sociedad.

Desde las llamadas "teorías de la elección racional" se hace más énfasis en el aspecto subjetivo, es decir en el comportamiento particular que adoptan los individuos cuando han de tomar decisiones. Para ellas lo fundamental, la nota que define de modo principal esa actividad de los sujetos es el comportamiento racional, entendido como una labor de evaluación constante de los aspectos positivos y negativos que en cada caso rodean las cuestiones planteadas. El sujeto se forma una imagen de la realidad, en la que valora y sopesa los elementos favorables y perjudiciales para él, y en consecuencia toma una decisión y actúa.

En un principio no podemos por más de mostrar nuestra aprobación hacia ambas posturas, que aunque diferentes en sus formulaciones, vienen a incorporar una sustancial coincidencia, por cuanto inciden en el papel fundamental de la actividad racional en el comportamiento humano, considerado individual o socialmente. Compartimos con la teoría de la elección racional la creencia de que no se pueden sostener diferencias entre el modo de actuar del hombre ante fenómenos de tipo económico y los de tipo "social". Evidentemente el hombre aplica actitudes similares en ambos casos, y por tanto resulta pertinente - como en esencia sostiene esta teoría – la utilización teórica de criterios de la economía en otros ámbitos, como señaladamente es la sociología. Por supuesto que desde nuestro criterio, que parte de una sustancial unidad de tratamiento, ni que decir tiene que la apoyamos. Sin embargo, con respecto a ambas teorías, hemos de formular alguna consideración en base a que no sólo las representaciones racionales tienen una labor importante en la naturaleza de la acción social, también la irracionalidad, la costumbre, el inconsciente individual y social, juegan importantes papeles en la vida social. Aunque en este punto conviene tener en cuenta la verdadera naturaleza de la "racionalidad". ¿Hasta qué punto una costumbre, aunque desconocido su origen y planteamiento primigenio, no es más

120

que un hecho que seguramente habrá tenido su o sus "razones", y que lo hicieron posible en su momento? Somos de la opinión de que cuando Hegel decía aquella celebridad de que "todo lo real es racional", tenía quizás más razón que en la segunda parte de su famosa afirmación: "todo lo racional es real".

Es necesario, sin embargo, completar esas afirmaciones, aludiendo al contenido de la razón. La razón es una facultad biológica del ser humano, una capacidad superior a la de los demás seres vivos, que le hace dominarlos y someterlos, en lenguaje bíblico y mítico. En este punto hay que aludir a la multiplicidad de posibilidades, a la infinidad de alternativas por las que el hombre puede optar, incluso siguiendo un procedimiento racional. Contemplando la historia del hombre, en concreto la de Occidente, podemos decir que la racionalidad ha sido su principal elemento vertebrador, aunque el azar, entendido como realidad desconocida, ha jugado su importante papel.

Lo que más nos llama la atención de estos planteamientos es la importancia que sus autores les atribuyen, es decir "el carácter distintivo" con el que se los rodea. En nuestra opinión se trata de una nota tan evidente que no requiere siquiera ser destacada, puesto que es natural, consustancial con la propia naturaleza humana, que no puede por menos de poner en acto, en aristotélica expresión, lo que constituye una de sus potencialidades, la razón. Si el hombre y la sociedad no son racionales, no entendemos quiénes podrían serlo. La "razón" pasa por ser la nota principal del ser humano, que se define precisamente como "ser racional". Y esa nota, el hombre la lleva consigo, la plasma, la evidencia en todo lo que hace, tanto individual como colectivamente.

121

Weber dice que la racionalidad es una fase en la que se encuentra la sociedad en un momento determinado, en el que él vive, y por tanto se ha producido en esa época y la caracteriza, de donde cabe deducir que no es tan propia de otros periodos anteriores. Una de sus principales materializaciones es la burocracia, es decir el procedimiento que persigue reglar y fijar de una manera estricta y razonada los procesos de la vida social para organizarla y hacerla más eficaz. Ese comportamiento racional de la sociedad, lo entendemos universal en el tiempo y en las diferentes culturas, lo damos por omnipresente bajo cualquier circunstancia, ya sea temporal o espacial. Lo que ocurre es que cuando las circunstancias ambientales se hacen más agobiantes, cuando la demografía y la técnica reducen el espacio vital, tanto el individual como el social, se hace más preciso y más evidente el comportamiento reglado, el recurso a unas normas de convivencia diseñadas conforme a criterios racionales, de eficacia, de orden y de mayor concreción. No puede sostenerse que en el antiguo Egipto, en la Grecia clásica o en Roma, la conducta de la población fuese aleatoria, desorganizada, o anómica, desde luego que no, como tampoco lo era en cualesquiera otras épocas históricas, y no solo en Occidente, lo que ocurre es que las circunstancias no eran las mismas y no eran los conflictos ni las grandes causas públicas las que inducían ese comportamiento más ordenado y organizado, habiendo quizás un mayor margen para la libertad de acción. Sin embargo, no puede decirse en absoluto que fuese irracional, sino que había mayores parcelas en las que la reglamentación de las conductas no era tan intensa como la que hoy y en tiempos de Weber se producía. Esa nota, la racionalidad, es predicable asimismo del comportamiento del individuo en sociedad, y por tanto antes y ahora sus decisiones han estado y se acomodan a la razón individual de cada sujeto actuante, de forma que tampoco en este sentido puede mantenerse una temporalidad en la vigencia de esta característica, puesto que siempre ha estado y estará presente en las conductas humanas. Ese comportamiento adoptará distintas manifestaciones, en función de cuál sea el nivel de conocimiento y de información de que disponga el sujeto que actúa y del marco en que el mismo se desenvuelva. Por tanto, la racionalidad, individual o social ("Teoría de la elección racional" o "la racionalidad" weberiana, respectivamente), no nos aportan un elemento de definición histórica de la sociedad, sino que se trata de un aspecto vital, que conforma la naturaleza humana y social de los individuos que constituyen una sociedad, que resulta desde luego fundamental para definir el mapa social de la vida humana, pero que desde un punto de vista diacrónico no puede ser utilizado para caracterizar un período determinado.

La sociología de Max Weber, a diferencia de la marxista, supone que los fenómenos sociales pueden verse afectados por una ideología, por un modo de pensar. Así, cuando habla del capitalismo como una consecuencia de la ética protestante, parte del supuesto contrario a Marx, Weber cree que lo que éste llama "superestructuras" (la cultura, la ideología, la religión, etc.), lejos de estar determinadas por la infraestructura económica, son capaces de condicionar ésta y de hacer que gire en torno suyo. El aspecto subjetivo es fundamental y determina lo social y lo económico, y no al revés.

Ni el punto de vista marxista ni el de Weber dan cuenta completa de lo social, ambos son excesivamente simples, puesto que la sociedad mantiene un alto coeficiente de inmovilidad, ni en un sentido ni en otro se produce ese efecto cambiante, desde un punto de vista estructural, profundo. Únicamente se producen variaciones de tipo accidental, externas, que presentan una pluralidad de causas, pero sin que sea razonable atribuirlas de un modo exacto y exclusivo a una de ellas. Es discutible que una determinada ideología o modo de pensar, unas creencias en suma, ocasionen un cambio social profundo, y ello por varios motivos: a) En primer lugar, el ya expuesto y principal de que la realidad social no experimenta cambios sustanciales estructurales, más allá de "ligeras" modificaciones de su apariencia exterior, de su epidermis. A la concepción de que el capitalismo, como Weber entiende, es una consecuencia directa de la ética protestante, no se le ve una fundamentación incuestionable[2], puesto que el "capitalismo", entendido como un sistema económico que surgió en una época determinada de la historia de Occidente y que fundamentalmente consiste en una acumulación de capital, destinado a apropiarse de los instrumentos que incrementan o al menos mantienen el nivel de riqueza de sus titulares, es en realidad un procedimiento constante, permanente, sin límites, no es más que una manifestación puntual, históricamente considerada, de la tendencia natural de todo hombre a tener más riqueza, más poder, y más bienestar. Una tendencia indefinida e ilimitada que se ha dado siempre, en todo tiempo y lugar. Por otra parte, hoy podemos comprobar claramente cómo no es necesario que se dé esa causa para desencadenar y mantener ese fenómeno del capitalismo, puesto que éste se da en todas partes, entre todas las confesiones y creencias, ya sean religiosas o ateas, y especialmente significativo es la falta de correlación entre la existencia de un proceso secularizador (como se dice en Occidente) de la religión y el fenómeno capitalista, que lejos de decaer, parece incrementarse y dominarlo todo. b) Además, la ideología, las concepciones morales, en ocasiones son también una manifestación externa del modo de concebir los individuos una realidad, de identificarse con unos determinados problemas, de abordar teóricamente cuestiones que les preocupan, que les suponen algún conflicto, y representan una válvula de escape que, una vez exteriorizada, cristaliza en una teoría, que alivia, sosiega y apacigua una realidad; pueden funcionar tanto como desencadenantes como inhibidores del cambio, y no como un factor de detonación inevitable del mismo. Por tanto la ética protestante, puede reflejar también un principio categórico, un deber ser, de una sociedad que exterioriza de ese modo la conciencia de sus problemas, el carácter de lo que desea, pero si en ella se da el capitalismo, es cuestionable que ello sea por causa de esa ética. En suma las conductas que conforman el actuar capitalista siempre han existido y existirán, porque son consustanciales al hombre. c) Por otra parte, la ética en sí misma tiene una limitada capacidad para alterar la realidad. Sobre todo si son éticas basadas en el deber ser, en lo que el hombre debe hacer. Una cosa es lo que predican unas determinadas éticas, y otro muy diferente lo que hagan los individuos. Por el hecho de que el cristianismo predique el amor fraterno, la comunidad de bienes y el desinterés de lo personal, no quiere decir que un cristiano sea realmente así, o que sea mejor persona que uno que no lo sea. Lo mismo ocurre con los demás fieles, sean de cualquier religión, incluida lógicamente la protestante.

[1]Elster, J. trata de este tema especialmente en *Tuercas y tornillos.*
[2]Sombart sostiene con igual fundamento que el capitalismo es una consecuencia del judaísmo.

El arte (III): Arte americano y africano   12/9/2014

En el vasto territorio americano que fue objeto de la conquista española tuvieron lugar desde el principio de su existencia extraordinarias manifestaciones artísticas, cada vez más valoradas, que dan muestra del talento de estos pueblos para el arte, sobre todo teniendo en cuenta sus carencias técnicas y culturales: los incas no conocían ni la rueda ni la escritura, y hacían un uso muy limitado de los metales, lo que no obstante no les impidió realizar las complejas obras de Machu Pichu, o a los mayas construir sus magníficas pirámides.

Dado su aislamiento físico, tiene más mérito si cabe el arte precolombino y el precolonial (es decir, el de otros territorios americanos no afectados por la conquista española). Ello enlaza directamente con lo que los antropólogos conocen como supuesto de *segunda Tierra* (es decir, aquellos fenómenos sociales que se producen en zonas apartadas, ajenas a toda influencia externa), lo que sirve como contraste para poder determinar hasta qué punto el arte es universal, y en qué medida sus características son más o menos comunes y observables también en otros lugares del mundo. Nos permite llegar a interesantes conclusiones sobre sus notables logros creativos. Son dos zonas fundamentalmente las que catalizan el arte precolombino, Mesoamérica y la región de los Andes. Es un tipo de arte aislado, estático, primitivo, pero también indudablemente bello a pesar de su aparente tosquedad. Se trata de un arte arquitrabado, igual que lo era el egipcio, con el que presenta muchas similitudes, como las formidables pirámides, el culto a los difuntos, los templos, e incluso en la pintura misma, como la que es posible encontrar entre los murales de Bonampak en Chiapas (Méjico) y las egipcias.

En el caso africano, de nuevo nos topamos con un tipo de manifestaciones culturales que no pretenden lograr principalmente objetos ni resultados bellos, sino algo más bien instrumental que sirve a una finalidad mágica, religiosa, como ya había ocurrido de modo señalado con el arte prehistórico.

El arte africano suele utilizar elementos perecederos, y de ahí que, dada su perentoriedad, sean escasas las muestras superiores a cien años que nos han llegado. El material más empleado por los africanos es la madera, aunque también se conservan esculturas a la cera perdida, así en Benín (actual Nigeria) hay abundantes restos de esculturas de bronce elaboradas con esta técnica.

Es de señalar la influencia que este tipo de manifestaciones culturales han tenido en el arte occidental, sobre todo en las llamadas vanguardias del siglo XX, que valoraron fundamentalmente la abstracción, siendo notable su huella en el cubismo, especialmente en la obra de Picasso, o incluso en el llamado *arte povera*, en el que tienen cabida todo tipo de elementos de uso cotidiano, e incluso material orgánico. Así pues, es un arte efímero, pero que no excluye en determinados casos la duración y la persistencia, conservándose muestras de un arte original, y en definitiva bello.

Teorías de integración micro-macro y teorías fenomenológicas 21/9/2014

Desde una perspectiva fundamentalmente metodológica, aunque ello indudablemente también repercute en cuestiones de fondo, podemos aludir a determinadas teorías, que para abreviar agrupamos en:

Teorías micro-macro. [1] Son intentos de acercarse al conocimiento de lo social, sin despreciar las aportaciones de ninguna de las metodologías al uso. Contemplan el análisis tanto de la acción como de la estructura, pero su problema es que parten del presupuesto del cambio social, como uno de los objetos principales de su análisis. En este sentido se centran más en lo cambiante que en lo permanente de la sociedad y por tanto caen en el error de no explicar su verdadera naturaleza, sino la naturaleza coyuntural de la misma en un momento dado. Sus resultados son igualmente insatisfactorios.

Teorías fenomenológicas. Por otra parte, las teorías de corte fenomenológico también resultan inadecuadas para aclarar la verdadera naturaleza de la sociedad, porque analizan las conversaciones o el comportamiento consciente de los individuos en las vivencias de sus vidas cotidianas, referidas a momentos presentes. La fenomenología acierta cuando recurre al procedimiento eidético, de búsqueda de lo esencial, pero no encontrará el verdadero camino si prescinde de la historia. Sólo puede ser hallada la esencia de un fenómeno social si lo referimos al proceso de su desarrollo.

[1]En este sentido hay que citar, entre otros, a A. Giddens, quien con la "teoría de la estructuración" trata de buscar una vía intermedia entre micro y macro-sociología.

EL ÉBOLA Y EL MIEDO 28/9/2014

El miedo es un aspecto fundamental de la naturaleza humana. En mayor o menor medida todos lo sienten. Hay épocas y lugares en que su presencia es más notable. Resulta muy difícil comparar esos distintos momentos y establecer una graduación clara del mismo.

Es posible, no obstante, resaltar circunstancias que han podido incrementar esa sensación, es de suponer que el miedo más radical haya sido el de perder la vida, sin embargo otros han alcanzado casi su nivel, como pasar de una situación de libertad a una de esclavitud, lo que vivieron muy de cerca pueblos como el griego, el romano u otros en épocas más recientes. Los temores a verse privados del patrimonio, del alimento, de la salud, de los parientes, del cielo, o el miedo a la naturaleza y sus caprichos, a los dioses, bandoleros y saqueadores, al enemigo, a las guerras, al emperador, al rey o a la autoridad en general, ciertamente mantienen (con ciertos matices) una vigencia desde siempre. A ellos se vendrían a sumar otros que consideramos hoy más próximos a nosotros, como la pérdida de la belleza, la juventud, el status, los amigos, el trabajo, la cordura, o el temor a la aplicación de la ley, al poder coercitivo del estado moderno, o a quedarse atrás en el uso de las nuevas tecnologías o a no estar a la última, a no ir a la moda, a no tener éxito, a perder la comodidad, a no poder disfrutar del ocio como el grupo de referencia, y un largo etcétera.

En función del nivel de desarrollo de cada sociedad, esos miedos pueden ser reducidos, aunque algunos nunca desaparecen. Paises con un alto grado de bienestar, con una

129

previsión social notable, permiten que sus ciudadanos se sientan más seguros y en consecuencia vean alejarse algunos de los miedos que hemos señalado. Sin embargo, el miedo es consustancial al hombre y basta cualquier motivo objetivo para que actualmente se agigante o minimice, en función de la difusión del mismo, de la configuración de esa sociedad o de su nivel de aguante hacia la adversidad.

Dicho esto, el peligro actual del ébola, de su posible difusión junto con la ausencia de tratamientos eficaces determinan la existencia de un peligro relativamente próximo, devastador y capaz de introducir una importante dosis de desasosiego y dar fin a las placenteras y cómodas vidas modernas.

Ulrich Beck ha hecho bandera de estos temores, llegando a caracterizar el estado actual de la sociedad como "La sociedad del riesgo". Sin embargo, se trata de algo que siempre ha acompañado la existencia humana, y en no menor medida que la que ahora le atenaza.

Los medios de comunicación han encontrado en éste uno de los principales procedimientos para mantener la atención de sus seguidores, y constituye un resorte fundamental en la dependencia que crean en sus receptores.

Objetivamente hablando, el alcance de esta situación no resiste la comparación con otros periodos de la humanidad en que la población se reducía drásticamente por el efecto de enfermedades y epidemias. Sin embargo, aunque los medios son ahora infinitamente mayores para combatir estos hechos, no todo es controlable ni la ciencia dispone de las soluciones que se le suponen. Ahí radica un temor añadido, el de la posibilidad de sucumbir a sus efectos, por ahora remotos en términos absolutos, pero presentes, tal como continuamente los *media* nos recuerdan.

Es evidente que un hombre atemorizado es mucho más controlable y sumiso. Con independencia del manejo de los hilos sociales por parte de fuerzas en la sombra, más o menos aludidas por los distintos tratadistas, razones psicológicas hacen que los individuos tengan un miedo comprensible debido a la información alarmante que continuamente reciben. La pérdida de distancia geográfica que actualmente impera en la sociedad, debido a la tecnología y a su actual configuración, incrementa la sensación de proximidad de cualquier fenómeno, a lo que lógicamente no es en absoluto ajena la existencia del miedo.

Tic (II): El ordenador y el cambio social 5/10/2014

El usuario ha incorporado "el ordenador" a su vida de una forma plena y con una dimensión desconocida hasta ahora. Estamos ante un aparato que acapara una gran atención humana, no sólo en cuanto a tiempo, que desde luego es muy importante, sino también en cuanto a energía comunicativa, lúdica, laboral, cultural, formativa. Los ciudadanos se están acostumbrando a convivir con este nuevo instrumento símbolo de la modernidad, es un compañero de viaje en cualquiera de las muchas funciones que con o a través de él se pueden desarrollar. Aunque las edades en que se produce mayoritariamente esa relación es en la juventud y en la edad madura, puede decirse que en cualquier edad se da ese uso, incluso entre las personas mayores se está potenciando esa incorporación a los hábitos de vida. Ya desde la más tierna infancia se produce, a través de los programas educativos, esa instrucción tecnológica, de modo que se adquiera ese adiestramiento y el individuo sea capaz de usar estos instrumentos cuanto antes. Razones de tipo competitivo y de práctica social consolidada se pueden esgrimir como las determinantes de ese fomento tecnológico en todas las edades de la población.

Casos de adicción y de uso excesivo del ordenador se producen con mucha frecuencia, como consecuencia del placer que su manejo genera en los usuarios. Junto al empleo adecuado y justificado de estos equipos informáticos, es muy habitual el exceso en el mismo, de forma que son muchos, mayoritariamente jóvenes, los que se "enganchan" y quedan amarrados en las "redes" de las nuevas tecnologías, incapaces de sopesarlas y utilizarlas de un modo adecuado, las consecuencias pueden ser asimiladas en cierta medida a determinadas ludopatías. Con todo, la satisfacción es la nota dominante entre los usuarios de las nuevas tecnologías de la información, si no fuera así no se produciría el grado de aceptación tan elevado que crece constantemente. Hay, pues, desde el punto de vista subjetivo del usuario una acogida muy favorable al uso de la tecnología en general, y del ordenador en particular.

Es pronto todavía para hacer una valoración sobre las consecuencias que el uso masivo de la informática produce y producirá en los usuarios. Son múltiples los aspectos que pueden ser considerados para abordar esta cuestión, así por ejemplo, y sin ánimo exhaustivo, las nuevas tecnologías de la información han venido a llenar en numerosas ocasiones un vacío vital, un tiempo de ocupación de muchos ciudadanos, no sólo en el ámbito laboral sino también en el de ocio. Constituyen estas nuevas tecnologías un objetivo en los planteamientos de muchas personas, que aspiran a disponer de una buena cantidad y calidad de las mismas, y configuran su vida y su tiempo libre alrededor de ellas. De qué otra forma podrían llenar estos ciudadanos todo ese tiempo y energías con otra actividad es algo que no sabemos; lo que está claro es que al menos en este sentido el uso masivo del ordenador y su conjunto produce un efecto integrador y cohesivo de la sociedad. Podría decirse que este mismo efecto ha ocurrido con la televisión, o con la radio, o con otros fenómenos como el deporte, por hablar de algunos fenómenos modernos, o quizás cabría citar las religiones si consideramos periodos más amplios.

Sin embargo, el uso del ordenador y su entorno informático es un fenómeno social que presenta algunas particularidades respecto a estos aspectos que hemos citado y que pasamos a desglosar brevemente a continuación: a) Aglutina y concita de modo simultáneo unas energías y una actividad del sujeto que se pone en contacto con ellas y que llegan a ser en muchos casos de tal envergadura que absorben gran parte de la jornada de trabajo y de ocio de los ciudadanos; se mezcla el aspecto lúdico y el laboral, el formativo y el comunicativo. b) El papel del sujeto que interviene es muy activo; de hecho, sin su colaboración el proceso no funciona, ha de ser instado constantemente por el actor, que ha de formular adecuadamente sus preferencias, señalando todas las distintas circunstancias bajo las que ha de operar esa relación usuario-máquina; el hombre marca los tiempos, el contenido, señala el itinerario de acción, fija los interlocutores, etc. c) Sin embargo, pese a ese papel activo y fundamental del usuario, en el fondo se produce una captación de la voluntad del sujeto, que de modo consciente o inconsciente se ve abocado a mantener, en muchos casos, una dependencia respecto a ese ordenador, que parece que efectivamente le "ordena" al sujeto, le mantiene a su lado, le impone unas normas de conducta, le controla su actividad laboral, lúdica, comunicativa, y en fin condiciona en gran medida su vida. Es éste un efecto perfectamente constatable, otra cosa es que eso se haga de buen grado, porque al sujeto le interesa, le conviene, le gusta, le satisface. Lo que habrá que valorar, quizás con una perspectiva más amplia, con un mayor cúmulo de datos, aunque sobre este punto estimamos importante la necesidad de afrontar al mismo tiempo con prontitud esos efectos y estas circunstancias para, en su caso, tomar medidas ante hechos que de otro modo podrían ser irreversibles. d) No se puede olvidar el papel que el ordenador

134

y su entorno desempeñan en la liberación de muchos trabajos y procesos penosos en la vida laboral del hombre. Éste ha venido a aliviar a muchos trabajadores cuya jornada laboral dependía de un solo proceso mecánico, que ocasionaba el consiguiente embrutecimiento y empobrecimiento de su vida, suponiendo de ese modo la superación de una disfunción ocasionada por una anterior tecnología, ahora relegada, liberando, por ejemplo, a los mecanógrafos de la rutina que suponía el uso de la máquina de escribir. Asimismo el ordenador ha venido a producir infinidad de mejoras en procesos que obligaban al hombre a penosas tareas que no ha tenido más remedio que realizar desde siempre, tales como, por ejemplo, el cálculo matemático o el riego y abono de un campo de cultivo, por citar supuestos dispares entre los innumerables casos posibles.

La religión (II): Universalidad 14/10/2014

Nos encontramos con religiones monoteístas y con otras politeístas. Hay ciudadanos creyentes, ateos y agnósticos. Hay religiones pacíficas y otras más beligerantes, las hay intolerantes o tolerantes. Hay religiones implicadas en la vida política, como el islam y ciertos estados confesionales, y otras que se encuentran en un plano diferente, menos inmersas en esa dimensión. Pero el hecho de esa disparidad no es obstáculo para que se pueda predicar una unidad de notas comunes.

La religión es un fenómeno que supone la existencia de determinadas creencias no visibles que mueven a la acción. Como es propio de los hechos sociales, nos encontramos ante un fenómeno de naturaleza compleja en el que intervienen multitud de factores. Se les suele reprochar a las religiones su carácter anticuado, que no están al día ni acordes con los tiempos, pero quizás sea esa nota la que les permita una existencia tan prolongada, en cuanto no están sujetas a modas ni avatares contemporáneos. En fin, más allá de todo eso, resulta muy pertinente el debate entre el carácter natural y el histórico de las religiones. Nos atrevemos a señalar las siguientes características del fenómeno.

Universalidad

La universalidad es una de las primeras notas que han de ser resaltadas, en cuanto es común a toda la humanidad y lo ha sido y lo será en todos los tiempos. Desde que tenemos noticias del hombre, las manifestaciones religiosas siempre han estado presentes, y en buena medida nos encontramos con una muy elevada dosis de coincidencia en cuanto a su contenido. Incluso han llegado a ser consideradas desde un punto de vista biológico, así hay autores que señalan la importancia de este componente para explicar su universal existencia y recientemente han alcanzado notoriedad ciertas investigaciones que pretenden haber encontrado el llamado "gen religioso", es decir aquel factor natural que explicaría ese hecho general. Célebre se ha hecho la investigación publicada bajo el sugerente título de "El gen de Dios" por el genetista norteamericano Dean Hamer, para quien la fe está determinada por la biología, planteamiento que choca con determinadas concepciones religiosas que proponen un origen más divino del mismo. Según esa concepción, Buda, Jesús o Mahoma tendrían ese gen muy desarrollado. Asimismo sostiene este autor que la religión es un fenómeno que ha marcado claramente la evolución humana, y que al igual que ocurre con otros elementos genéticos, el religioso se revela como determinante de esa evolución, de modo que aquéllos que han creído en él han sido los que han evolucionado.

Por otra parte, desde la denominada *psicología evolucionista* se apunta que nuestra mente permanece prácticamente inalterada y condicionada desde hace muchísimo tiempo, sujeta a unos limitados efectos del ambiente, pero que apenas influyen en las pautas de conducta, desde siempre grabadas en nuestras señas de identidad. Autores como Desmond Morris, Steven Pinker, Leda Cosmides, Jerome Barkow o John Tooby han contribuido a popularizar esta disciplina.

LA CORRUPCIÓN 25/10/2014

Es preciso tener muy presente que la corrupción es consustancial al hombre. Hay épocas y momentos en que su presencia nos asombra más (sobre todo cuando trascienden muchos casos) y también hay sociedades en las que el fenómeno es más habitual (suele decirse que los paises nórdicos son aquéllos en los que menos prácticas de este tipo se observan, en este sentido nuestras concepciones del "espíritu del pueblo" y del "hábitat" ayudarían a explicar esa peculiaridad).

Se habla sobre todo de la corrupción de los dirigentes, no obstante, en todos los ámbitos y circunstancias se produce, y en mayor o menor escala alcanza a casi todos los individuos. Suele estar penalizada en los ordenamientos jurídicos, porque en el fondo todos saben que es una tentación muy fuerte a la que sucumben buena parte de los que tienen la posibilidad de hacerlo. Hay muchos tipos de corrupción, no solo el enriquecimiento material, sino el abuso de prebendas, el poder social, el ascenso en la escala social, etc.

Se trata en realidad de una generalización de la corrupción individual que consiste en transgredir la norma en beneficio propio, aunque en ocasiones - serían supuestos atípicos - incluso la norma misma es la que permite y da cobertura a la corrupción, quizás éste sea el nivel más alto que pueda alcanzar, y al que aquí no nos vamos a referir. La falta de control y de castigo facilitan desde luego su incremento. Nos rasgamos las vestiduras por conductas que a nivel personal (de cada uno) son la norma, ahí hay una buena dosis de hipocresía. Se supone que los dirigentes han de dar ejemplo, pero eso no es lo habitual, el miedo al castigo suele ser la única medida eficaz. Básicamente resulta chocante porque todos esos dirigentes muestran un absoluto repudio teórico hacia este tipo de conductas. A veces los medios de comunicación la silencian, pero en otras se pone de moda su persecución y denuncia; es evidente que lo noticiable es la corrupción, no la honradez, que también existe.

Puede decirse que en líneas generales la corrupción siempre ha sido y será así, de modo que lo que hay que hacer es perseguirla y castigar ejemplarmente los casos descubiertos. Sin embargo resulta difícil por la habilidad de los defraudadores, y porque los dirigentes son los que impulsan las normas, y no suelen tener demasiado interés en autolesionarse. El carácter de la gente, la educación y la moral son elementos que influyen mucho. Pero son pocos los que están limpios, tanto entre los que tienen ocasión de incurrir en ella, como los que tienen menos oportunidades y solo por ello están menos implicados, aunque no por falta de intención.

Desde un punto de vista económico, no hay unanimidad en su condena. Por paradójico que parezca, hay algunos que la ven beneficiosa para el desarrollo social (B. de Mandeville, S. P. Huntington, entre otros). Cosa distinta es la defensa moral de ese postulado. Desde una posición política han sido muchos también los que la han comprendido o defendido (Maquiavelo, Napoleón, Churchill...).

Históricamente en muchas ocasiones su presencia se ha hecho notoria, y por supuesto que su valoración ha variado bastante a través del tiempo, de modo que lo que en una época ha sido normal, en otras ha sido tenido por inadmisible. Son muchos los casos que se pueden citar: En Egipto, en Grecia (Demóstenes, Pericles, etc.), en Roma (Catón el censor), en la Edad Media, en la Edad Moderna, en los regímenes dictatoriales, en las democracias recientes, etc.

Desde nuestro personal punto de vista sobre lo social, donde la permanencia es la posición fundamental, hemos de señalar que nos topamos una vez más con un fenómeno tremendamente reiterado en el tiempo. Ante ello se puede objetar que decir eso es decir poco y que puede conducir al derrotismo. A esa consideración puede contribuir el hecho de que no se proponga por nuestra parte una solución nueva, más que la que siempre se ha usado, el castigo en aquellos casos en que ha sido posible.

Sin embargo, entendemos que esta posición tiene la ventaja de alejarse de un sensacionalismo esporádico y con frecuencia instrumentalizado políticamente (por más que ello sea inevitable y quizás bueno) y al mismo tiempo alienta a perseverar en la práctica del castigo a la corrupción, sabiendo que es el único remedio históricamente contrastado, y siendo conscientes de que hay que mantener siempre la guardia en alto. Por otra parte, esta argumentación permite descartar la consideración de la corrupción como un fenómeno propio o singular de nuestro tiempo, o de un determinado grupo social o sujeto histórico contingente, que una vez atajado de un modo novedoso, ya no volverá a aparecer.

Por tanto, creemos que situar la corrupción en su verdadero contexto permanente hace que sea mayor el éxito en combatirla, sabiendo que siempre se encuentra al acecho, y que a cualquier descuido volverá a aflorar, por lo que se hace imprescindible una defensa también permanente contra ella (con independencia, por supuesto, de la persecución puntual de los casos manifiestos), renovando continuamente los medios que se opongan a sus nuevas y sorpresivas acometidas.

LUCHANDO CONTRA LA "ACTUALIDAD MEDIÁTICA" 29/10/2014

Actualidad mediática: 20/10/2014:

Ébola - Secesiones y nacionalismos - Estado Islámico/Coalición internacional - Crisis en Hong Kong - Recesión económica - Deporte a nivel mundial: tenis, basket, fútbol, atletismo, sky, ciclismo, natación, motor, etc. - Elecciones en Brasil - Oscilaciones de la Geopolítica - Focos calientes: Oriente Próximo, Corea del Norte, etc. - Secuestro en México de más de 40 personas - Éxito de un partido político nuevo y antisistema en España - Situación en el Reino Unido - Crisis francesa - Situación en Alemania - Situación en Venezuela - Situación en Argentina - Situación en Colombia - Situación en Bolivia - Situación en Iraq, en Siria, en Irán, en Afganistán, en Pakistán - Situación en África en general - Crecimiento de la economía mundial, marcha imparable de China - Situación en las Bolsas - Estado del bienestar: sí/no - Las economías del extremo Oriente: Japón, Corea del Sur, China, India, etc. - La producción mundial del petróleo y la energía - La primavera árabe - El terrorismo internacional -

Actualidad real: (Véase nuestra página "La auténtica actualidad")

¿Qué alternativas hay a toda esa información?:

Esa información no nos afecta en la mayor parte de los casos más que lejanamente, así que es conveniente aislarse en buena medida de los medios, vivir menos informado de esa "realidad" que no es la "nuestra" de cada día, e incidir más en la auténtica realidad, sin embargo eso no es nada fácil - Esa intoxicación nos aleja de lo real - Es saludable invocar casos del pasado en que ha ocurrido algo parecido, para comprobar que no es la primera vez que cosas así suceden; aunque eso no nos lleve al consuelo definitivo, sí que nos ayuda a relativizar el sobresalto que esas "novedades" nos producen - De todos modos, aunque nos afectase directamente, es muy poco lo que la mayoría podríamos hacer - En cualquier caso, la zozobra que el cúmulo de noticias inquietantes producen en el ser humano no es nuevo tampoco en la historia, solo que ahora su difusión tiene un mayor alcance e inmediatez - ¿Es la postura de la avestruz? No lo creemos, resulta más sano y eficaz centrarse principalmente en las auténticas quimeras y vivencias de cada uno, que en aquéllas que afectan al "hombre global", que si bien existe, ha de convivir con el "hombre particular" rodeado por otro conjunto de circunstancias que resultan bastante más interesantes y útiles para cada uno - El hombre "informado" de ese modo por los medios de comunicación resulta mucho más manejable, "ya sabe lo que ha de hacer" y basta infundirle temor hacia algo para que salga corriendo por la dirección trazada - Aunque hay quien opina lo contrario, entendemos que no se trata de un juego macabro diseñado por unos determinados sujetos todopoderosos, sino que la situación es el resultado de la confluencia de medios técnicos, fuerzas interesadas en continua pugna y la propia naturaleza humana y social en liza en cada momento, como siempre ha sido. Hoy lo que hay es esto, aunque el hombre casi siempre ha vivido "asustado" por algún motivo u otro.

Marxismo y cambio social 4/11/2014

Para Marx el cambio social tiene una relación muy directa con su concepción de la lucha de clases, que entiende como el motor de la historia. La sociedad se ve transformada en función de cómo tiene lugar ese enfrentamiento entre las clases sociales y además el objeto fundamental de esa pugna lo constituye la búsqueda, el intento de conseguir el dominio sobre los medios de producción. Este es el objeto principal del enfrentamiento y la causa de la dominación de una clase sobre otra.

Sobre esta formulación, tan abreviada, del modo de entender el cambio social, sobre sus causas últimas, hay que decir:

Las clases sociales no son un sujeto real, definido, con voluntad independiente de la de los sujetos que en él se incluyen, sino que son asociaciones más o menos ocasionales, fruto de la concepción teórica, de los analistas, y que tienen tanta multiplicidad de intereses contrapuestos como individuos las componen, aunque a efectos operativos pueda entenderse que sobre determinadas cuestiones tienen idénticos intereses y comportamientos. Además, el interés de la "clase" no es más que el "interés individual" de sus componentes, multiplicado por su número y modificado por las circunstancias sociales que le son propias, por tanto, más que de lucha de clases habría que hablar de interés de cada individuo en obtener la mejor situación posible para si y para lo que él considera propio, como su familia o grupo.

Esa lucha presenta distintos aspectos según el punto de vista que se tome: el que intenta obtener aquello de lo que carece, ha de adoptar una actitud ofensiva, de derribo del que la posee, y para éste, su comportamiento ha de ser de defensa, aunque a veces el modo de hacerlo sea también el de atacar a los que desean arrebatarle lo que siente como suyo.

Esa lucha tiene también manifestaciones contra los integrantes de la misma clase social, puesto que lo que verdaderamente la motiva, como hemos dicho, es obtener siempre lo máximo para el que la emprende. Si se produjera la conquista de los bienes o intereses deseados en un principio, en poder de otros individuos de clase superior, de inmediato se produciría un reparto desigual entre los individuos de la misma clase, con lo que el objetivo de la lucha ahora sería conseguir lo que no se tiene, pero ahora eso estaría en manos de otro "igual", es decir dentro de su misma clase.

Eso siempre ha sido y será así, y no es propiamente lucha de clases, sino deseo personal de cada individuo. Sin embargo ese deseo personal (también social, desde luego) del máximo resultado, no opera solo, ni tiene una única motivación económica. Además de los medios de producción, hay otros muchos aspectos que integran el botín que motiva el enfrentamiento, y no todos son de menor importancia que éste.

Hay mecanismos de defensa de los demás sujetos (o "clases") que pueden ser y de hecho atenúan esa lucha, puesto que los demás no permanecen impasibles, y normalmente disponen de instrumentos propios o adquiridos que operan como una adecuada fuerza disuasoria. Sólo cuando las fuerzas que van a intentar el asalto son o se perciben como parejas, suficientes, o superiores, suele originarse el ataque por la conquista de lo ajeno.

Por tanto, entender – como ha hecho Marx - que la sociedad cambia debido a la lucha de clases por la consecución del dominio sobre los medios de producción, y que lo que hay que hacer, desde el punto de vista de una teoría social comprometida con la idea de la igualdad de clases, es concienciar e influir en sus integrantes para que esa clase inferior se cohesione, presione y acelere el "colapso" de la clase dominante (lo que, por lo demás, se produciría por sí solo debido a las contradicciones existentes en el seno de esa clase, identificada con el sistema político-económico que la sustenta, el capitalismo) es algo a nuestro entender equivocado, porque si se produjera el cambio formal, inmediatamente se reproduciría, como así ha sido, la desigualdad, aunque dentro de la misma clase. La sociedad permanece tanto como cambia, y ese mecanismo, de lucha por lo ajeno, siempre ha estado y estará presente en el hombre. Lo que ha ocurrido con el socialismo ha sido un experimento "contra natura" podemos decir, que ha acabado y ha sido un fracaso desde un principio. Se ha creado una moda que ha terminado por decaer.

Pese a ello, hay que tener en cuenta que el marxismo ha sido y sigue siendo una teoría, o un conjunto de teorías con un alto poder de seducción porque ha buscado el apoyo de las masas, de los más desheredados, del proletariado. Presentaba un planteamiento en el que la utopía ocupaba un lugar preferente. Prometía un mundo más justo, más igualitario, en el que los débiles conseguirían romper el maleficio que siempre los había mantenido subyugados. Además, a diferencia de otros planteamientos también utópicos en que asimismo se promete la victoria de los inferiores, el marxismo planteaba la posibilidad de alcanzar ese objetivo en la Tierra, de manera más o menos inmediata. Ofrecía una visión sencilla del mundo, de la realidad, a la que aspiraba a explicar de una manera muy asequible para el pueblo, a diferencia de otros grandes planteamientos teóricos más complejos, más incomprensibles. Aunque tras esa versión más popular, que llega enseguida a sus destinatarios, hay toda una compleja teoría más dificultosa, pero su propósito primero, de conseguir seguidores dispuestos a subvertir el orden establecido y luchar por la implantación de otro alternativo, lo logran sus sencillas propuestas, consistentes en señalar a) los culpables: los capitalistas, b) su pecado: la explotación, c) la solución: la revolución; y d) el premio: la igualdad, la felicidad de la sociedad comunista.

Desde una perspectiva histórica, a la vista de los sucesos que han tenido lugar, muchos se han apresurado a enterrar todo ese conjunto de teorías y praxis, bajo la etiqueta de "inservibles". Sin embargo hemos de ver los aspectos positivos que han rodeado y aún rodean, tanto los elementos de la teoría como de esa práctica marxista. Como suceso práctico que ha llevado a medio mundo a revisar sus planteamientos organizativos y a intentar y cambiar realmente todo un orden establecido, ha sido un fenómeno único en algunos de sus rasgos diferenciadores, por su dimensión geográfica y demográfica, y por el tiempo de su vigencia. Por sus consecuencias, dividiendo el mundo en dos bloques contrapuestos, por los conflictos que originó y que mantuvo, y por su desenlace, entre otros aspectos, ha dejado lecciones importantes que hemos de saber asimilar y que han de servirnos para nuestro propósito, que nos lleva a no reproducir errores pasados, aunque eso sea difícil.

Desde un plano teórico, el fracaso del marxismo era inevitable porque, entre otros motivos, se hacía eco de una utopía irrealizable, aunque la constatación de ese hecho y los mecanismos para encubrir su fracaso e imposibilidad han durado muchos años. En nuestra opinión, la igualdad no puede darse porque choca frontalmente con la propia naturaleza humana. Derribado el primer obstáculo de la Revolución de Octubre, e implantado un régimen en que en teoría la igualdad era la norma, de inmediato surgió internamente una nueva desigualdad, reproduciéndose las diferencias de siempre, aunque con otras apariencias, entre los burócratas dominantes y el aparato del partido por una parte y todos los demás parias por otra, como siempre sucede al fin y al cabo. Cuando los mecanismos de control y represión no fueron suficientes para impedir la visión de la cruda realidad, y los individuos fueron conscientes de los hechos, de la injusticia interior, de la desigualdad, de la miseria de la mayoría de los ciudadanos y de las diferencias con los demás países capitalistas, la situación se hizo insostenible y saltó por los aires.

La injusticia, la desigualdad, ya fueron antes, en muchas ocasiones, motivo para la revuelta, para la lucha contra un orden asfixiante o totalitario. Aunque hoy podemos decir que aquellas tentativas han culminado al fin con un reconocimiento formal y mundial de una igualdad, racial o sexual; sin embargo, la desigualdad sigue persistiendo en el aspecto real. De la experiencia marxista, de este experimento puede extraerse la conclusión de que un sistema que pretenda imponer por la fuerza una igualdad absoluta es imposible, porque inmediatamente se impone la naturaleza humana, la desigualdad real que hace que los más fuertes o los mejor situados ocupen las mejores posiciones y reproduzcan los abusos de siempre. El marxismo, pese a que daba por hecho el colapso del sistema capitalista por sí solo, no las tenía todas consigo y por eso propuso una acción revolucionaria para forzar y adelantar ese proceso. Después del tiempo transcurrido desde esas "proféticas previsiones", podemos comprobar hoy lo desacertadas que han sido, puesto que lo que ha colapsado ha sido el comunismo, y lo que se ve como única fuerza hegemónica es el capitalismo, además en una nueva escala, globalizado. De todos modos habría que profundizar en la verdadera naturaleza de ambos sistemas que se tienen por antitéticos, aunque en realidad se trata de una simplificación de algo mucho más complejo, que no se sitúa en los mismos niveles de comparación, y cuyas notas muchas veces aparecen entremezcladas.

En otro orden de cosas, empero, el marxismo, para nuestro propósito acumulativo de conocimientos y teorías válidas referidas al hombre y a la sociedad, presenta elementos que es preciso valorar: en cuanto teoría que ha centrado su análisis en la estructura social, señalando la explotación, en un momento histórico determinado, de los proletarios por los capitalistas. Como teoría centrada en el estudio de las clases sociales, destacando este objeto de análisis, aunque nosotros mantengamos el carácter coyuntural y de mera conveniencia temporal, no sustancial, del lazo de unión de los individuos dentro de ese grupo social, y siempre que no haya otros intereses más fuertes que rompan inmediatamente esos lazos y hagan que el miembro de la clase la vea como un enemigo más. Como ejemplo, con todas las connotaciones señaladas, de utopía imposible, intentada y fracasada, a diferencia de otras, como puede ser la del Evangelio, con la que por cierto tiene muchas similitudes: la reprobación de los ricos y explotadores, la primacía de los pobres, débiles, explotados o proletarios, y la promesa de una igualdad, aunque el marxismo ha pretendido implantarla en este mundo por la fuerza; podemos decir que el marxismo, dentro de su estrategia aglutinadora de teorías (la filosofía de Hegel, la economía política inglesa y el socialismo francés) quizás haya pretendido alcanzar los objetivos cristianos, pero materializándolos en la Tierra, vendría a ser un cristianismo secular. Asimismo es relevante como teoría que utiliza y se centra en el aspecto económico, como intento de fijar una ley sobre la historia, basada en la lucha de clases, aunque falló en ese propósito definidor de una regla universal de la sociedad.

Por todo eso, por todo el marco y conceptos teóricos desplegados por Marx y sus seguidores, el marxismo es una corriente del pensamiento filosófico social que ha de ser tenida en cuenta en sí misma, y por las reacciones que ha ocasionado, por los conflictos que ha provocado, y por la influencia negativa y positiva que ha ejercido. Es fundamental para nuestro propósito, aunque haya de ser reprobada fundamentalmente por simplista, errónea e irrealizable, pero no puede ser obviada y constituye un hecho teórico y práctico fundamental en nuestra disciplina, sobre el que se puede volver reiteradamente y extraer sin duda más y más ricas conclusiones, y quizás en el futuro de signo distinto al que ahora hacemos, en función de los elementos valorativos, de perspectivas más amplias o consideraciones mas exactas que las nuestras de estos momentos.

Escuela de Frankfurt

Aunque mantuvo puntos de desencuentro con el marxismo, fundamentalmente ha pretendido salvar esta corriente, y por eso la situamos dentro de ella. La primera generación

(Horkheimer, Marcuse, Adorno, etc.) refleja una visión pesimista de la capacidad imaginativa de la razón después del marxismo, debido a la pujanza del capitalismo y al fenómeno del nacional-socialismo. La segunda, representada fundamentalmente por Jurgen Habermas, propone la "Teoría de la acción comunicativa" como una esperanza para la sociedad en la que cabe la utopía.

Ambas generaciones parten del desacuerdo con la sociedad y con su marcha, lo que para nosotros es reprobable, ya que es un error creer que eso puede cambiar, puesto que ello es no reconocer que siempre ha sido así y que seguirá siendo así, porque es una consecuencia de la naturaleza humana individual y de su transposición en cuanto vive en sociedad. Sus opiniones son el resultado de la frustración que les produjo ver cómo una propuesta social de cambio, como era la marxista, fue derrotada por el viejo capitalismo, que resultó ser más fuerte que la utopía. Sus opiniones son la constatación de la impotencia utópica por iluminar nuevos rumbos, nuevos métodos ilusionantes para la sociedad. Están buscando lo inalcanzable, lo inexistente.

Lo que hay es lo que hay, y el marxismo supuso una experiencia ilusoria, un intento vano de alterar el orden natural de las cosas, que no pudo sino fracasar. Ha sido uno de los muchos y continuos intentos de cambiar las cosas, tanto individual como colectivamente. Como se ha dicho anteriormente, el cambio profundo no existe, sólo el cambio externo, epidérmico, aparente, del modo de vida, de la tecnología, de la demografía, de la naturaleza, y del medio ambiente, de la política y de los gustos estéticos, de la moda, pero la sociedad sigue siendo la misma pese a la apariencia histórica diferente. Lo que no quiere decir que siempre haya que estar conformes con la realidad epidérmica de la sociedad, sino que hay que tener presente esa naturaleza permanente de lo social a la hora de proponer y perseguir una utopía.

El arte (IV): Egipto. El canon constante 13/11/2014

El arte del antiguo Egipto es tenido por uno de los casos de mayor estabilidad en cuanto al seguimiento de un mismo canon estético, que se ha prolongado más de 3000 años. Como principales obras podemos señalar las Pirámides y la Esfinge de Guiza, la Pirámide escalonada de Saqqara, las necrópolis del Valle de los Reyes y del Valle de las Reinas, los templos de Karnak, Luxor y Abbu Sinbel, la ciudad de Deir el-Medina, y las numerosas tumbas, entre las que cabe destacar por ser hallada intacta, la de Tutankamon, y objetos como la piedra de Rosetta, por su significación histórica en el descifrado de la escritura jeroglífica.

La pintura egipcia era un tipo de manifestación artística que no pretendía satisfacer los gustos estéticos del observador mundano, sino agradar al espectador divino, a los dioses y al difunto, de ahí que se colocasen fuera del alcance de la contemplación de los ciudadanos. Era de tipo sagrado, buscaba servir unas creencias religiosas determinadas. La decoración de vasijas, tumbas, pirámides, templos, palacios y objetos funerarios fue enorme, y sorprende su calidad y su capacidad para combinar colores y lograr tan vistosos resultados.

El canon estético constante

Se puede decir que las reglas pictóricas se han mantenido prácticamente inalteradas en cuanto a su temática y a su técnica durante todo el tiempo. Generalmente representaban a las figuras humanas con un tamaño diferente en función de su importancia (criterio de la jerarquía), las más grandes eran las de mayor relevancia, ya fuesen dioses o personajes célebres. El torso y el ojo aparecían de frente y el resto del cuerpo de perfil, y los animales eran dotados de una mayor minuciosidad que los humanos. El hombre era representado de un color más oscuro que la mujer. Los artistas egipcios no buscaban la belleza, ni el modo naturalista de reflejar la realidad, sino sobre todo equilibrio y orden, de hecho eran absolutamente instruidos en unos modos artísticos muy precisos desde bien pequeños, y cuando aprendían esas técnicas ya podían ejercer como tales y dejaban de recibir instrucción. Como se ha dicho, su finalidad principal era adornar tumbas y objetos funerarios, era fundamentalmente un arte dirigido a mantener "vivos" a los difuntos. En fin, era una manifestación que no pretendía resultar bella, ni ser contemplada por los vivos, sino por los dioses y por los muertos, de ahí que se colocase dentro de las tumbas, ya en el interior de *mastabas* o pirámides o, posteriormente, en sepulturas excavadas en la roca.

Los egipcios preparaban a sus muertos para la eternidad, de ahí los esfuerzos y conocimientos que alcanzaron en el arte del embalsamamiento y en la conservación de momias y cadáveres. Desde un punto de vista técnico, se trata de un tipo de arte sumamente equilibrado, no hace uso de la perspectiva, ni pretende reflejar la realidad tal cual se percibe, sino que se preocupaba sobre todo del detalle. No aparecen los objetos representados con sus defectos, sino con rasgos perfectos y la figura humana siempre recoge individuos jóvenes y en plenas facultades. La pintura sigue unas proporciones totalmente determinadas y unos esquemas previamente trazados, generalmente se solía utilizar una cuadrícula para facilitar la perfección y la aplicación de las normas representativas, usualmente se dividía el cuerpo humano en 18 partes. Los paisajes, estanques y ríos se plasmaban como vistos desde arriba, para poder ofrecer una imagen de toda su riqueza y de todos sus detalles.

En cuanto a la influencia entre estilos y tipos de arte, las características geográficas y el estado de las comunicaciones eran circunstancias a tener en cuenta, ya que en muchos casos el aislamiento dificultaba la relación entre artesanos y artistas de diferentes culturas, y por tanto era muy limitada la posibilidad de contrastar y efectuar cambios en las técnicas y procedimientos pictóricos.

Es cierto que ha habido influencias, aunque limitadas al hecho de compartir con otras culturas el canon de perfil (si bien con unas características propias), o el canon de la jerarquía, o el hieratismo, o la incorporación del cristal azul, como consecuencia del contacto con Mesopotamia. Pero en general la pintura egipcia tiene unos rasgos muy peculiares, que la distinguen completamente de las demás, en una correlación absoluta con toda su particular cultura, al hilo de lo que constituye su propio y genuino sistema religioso, político, económico y social, que ha perdurado casi inalterado durante más de tres mil años, manteniéndose impermeable en lo fundamental a elementos externos.

Fuera del canon propio egipcio cabe citar (además de la pintura que se desarrolló en la época de la revolución de Amarna) los retratos de El Fayum, o retratos de las momias, que se produjeron después de la ocupación romana, y que se datan entre el siglo I a. C al I d.C. Son naturalistas y siguen la tradición griega más que la egipcia, influyendo en el arte paleocristiano, romano y bizantino. En el breve periodo *amarniense*, como veremos más adelante, se produjo una gran ruptura con los cánones tradicionales de la pintura tradicional, especialmente el retrato.

El canon de perfil, aunque pocas, ha tenido sus excepciones. La pintura egipcia no tenía perspectiva; los colores eran planos y mantenían un tono uniforme, sin gradación. En cuanto a la jerarquía, es preciso señalar que al principio solo se pintaban dioses y faraones, después también comenzaron a ser reflejados personajes nobles, y a mayor tamaño de las figuras correspondía una mayor importancia.

Un elemento fundamental que debe ser tenido en cuenta al abordar el arte egipcio es el de su permanencia, desde luego se trata de un caso singular ya que las 30 dinastías abarcan un inusual periodo de más de tres milenios, en un ámbito cerrado por la propia configuración de esa civilización y por las connotaciones tan genuinas de la misma, absolutamente pivotantes en torno al eje central del Nilo. El hecho de la permanencia es clave, puesto que los patrones estéticos se mantienen todo ese tiempo, más allá de concretas variaciones (derivadas más de muy concretas circunstancias políticas o económicas que del propio modelo pictórico, quizás la más relevante nota sea la introducción de la doble corona en la representación que se hacía de los dos reinos tras su unificación). Por tanto, esa estabilidad contrasta claramente con otros momentos posteriores en que la cadencia del cambio estético es mucho mayor, y los gustos varían con una frecuencia infinitamente superior, haciendo pertinente la pregunta de si en el arte egipcio cabe hablar de cambio, o si esa es una cuestión que ni siquiera se planteaba.

Únicamente puede destacarse con propiedad un cambio revolucionario en la permanente estética egipcia, y ese es el que tuvo lugar en la XVIII dinastía, en que Amenotek IV, esposo de la reina Nefertiti y padre de Tutankamon, inició un periodo tremendamente transgresor, rechazando la mayor parte de los dioses egipcios tradicionales e implantando unas novedosas formas artísticas. Otro momento reseñable en este sentido es el surgido tras los enfrentamientos entre Egipto y Mesopotamia, debido a que algunos artesanos mesopotámicos fueron trasladados como prisioneros de guerra, o simplemente al contacto que se produjo entre artesanos de ambos países, lo cierto es que tuvo lugar algo de trascendental importancia para el arte egipcio, la introducción del cristal y su tratamiento.

Otro de los cambios más significativos ha sido el que llevó a los egipcios a trasladar sus yacimientos funerarios de las primitivas *mastabas* y pirámides a las tumbas excavadas en la piedra, dando lugar a las necrópolis del Valle de los Reyes y del Valle de las Reinas, circunstancia que se produjo como consecuencia del continuo robo y saqueo de las tumbas situadas en las pirámides. Se trataba así de poner trabas a esa delictiva actividad, aunque el expolio continuó, siendo pocas las que pudieron escapar a ese hecho; por ello el hallazgo de la tumba intacta de Tutankamon se festejó como algo absolutamente inusual, constituyendo uno de los acontecimientos más celebrados de la historia, y en particular de la historia del arte.

Es preciso señalar que el egipcio era sobre todo un arte al servicio de unas creencias religiosas absolutamente firmes e inmutables, basadas en la supervivencia más allá de la muerte, y por tanto todo giraba en torno a la preparación y conservación de los cuerpos para que se mantuviesen vivos después de ese momento. Así pues, esas creencias inmutables han contribuido a mantener también inmutable el arte que en torno a ellas se desarrolló.

El hecho de que muchas de las representaciones fuesen en roca, y estuviesen protegidas por la arena del desierto ha resultado un factor clave para contribuir a perpetuar y a conservar prácticamente intacto el arte egipcio, a diferencia de los restos arqueológicos de otros muchos pueblos de la antigüedad que no han resistido el paso del tiempo tan bien. Así pues, nos encontramos con un tipo de manifestación artística que se ha mantenido prácticamente inalterada durante cinco mil años, y que se ha localizado en un idéntico marco geográfico todo ese tiempo.

Immanuel WALLERSTEIN 20/11/2014

Es uno de los sociólogos de mayor significación actual. Ha desarrollado un enorme trabajo en el análisis histórico y social del capitalismo, desde el siglo XVI hasta hoy. Ha desempeñado su labor en universidades estadounidenses y de otros países, siendo en sus inicios un gran africanista y experto en descolonización.

Ha desempeñado durante varios años la dirección del Centro Fernand Braudel en Nueva York. En este punto es de resaltar la importancia que el historiador francés atribuía a la *longue durée*, como elemento vertebrador de sus análisis históricos y que se halla muy presente en la obra de Wallerstein.

Es uno de los mayores expertos en los movimientos antiglobalización, en los que ejerce una gran influencia.

Asimismo ocupa la presidencia de la Fundación Calouste Gulbenkian, con sede en Lisboa, para la restauración de las ciencias sociales, desarrollando una notable defensa de nuevas metodologías y modos de abordar las ciencias sociales. En este punto nos interesa especialmente por la propuesta unidisciplinar que plantea, en cuanto el objeto de estudio de las diferentes ciencias sociales es siempre el mismo, es decir, el mejor conocimiento del hombre y su entorno social. Su obra más destacada en este aspecto es *Abrir las ciencias sociales*, (1996), Madrid, Siglo XXI.

Cuando trata en *El moderno sistema mundial I (1979)* Madrid, Siglo XXI, la dicotomía "nada cambia jamás - el cambio es

160

eterno" sostiene que ambos aspectos son ciertos, se trata de analizarlos y estudiarlos a fondo, labor que lleva a cabo con gran profundidad en su extensa obra.

Su mayor notoriedad deriva, sin duda, de su colosal trabajo sobre el *sistema-mundo* (en cuatro volúmenes). Se trata de una teoría que se ha asentado totalmente en el ámbito del análisis social, y que sirve de base a trabajos de otros muchos teóricos. En este sentido, su obra ha venido a suponer una revisión del análisis marxista sobre el capitalismo, aunque llega a conclusiones diferentes.

La cuestión de "lo esencial" 24/11/2014

Es posible hablar en términos de cantidad del "cambio social"? Evidentemente que cabe la pregunta, lo que no se nos debe ocultar es la dificultad de una respuesta concreta o tan siquiera aproximada. Partimos de la base de que la sociedad en sí misma no varía sustancialmente más allá del natural proceso vegetativo de sus elementos integrantes, los individuos; los que cambian son aspectos de la misma de carácter externo, y que muestran una apariencia más notable.

La interrelación entre esos dos aspectos constituye la clave del planteamiento sociológico del cambio social. En qué medida en una época determinada se pueda hablar más de una nota que de la otra es la tarea principal en la que andan metidos muchos sociólogos o intelectuales que se dedican a las disciplinas humanas actualmente.

Sin embargo, sin olvidar por supuesto esa labor, sería interesante dedicarse a profundizar en el conocimiento de la sustancia social, de lo más inmutable, de lo más permanente. Y habría que ver también si es posible que cambios accidentales, externos y epidérmicos de la sociedad influyan y hagan variar algo la naturaleza de la sociedad. Eso es lo que, en una ulterior fase metodológica, habría de constituir el objeto de la sociología. Es decir, tras conocer qué es la sociedad, cómo funciona, qué es lo que no cambia y qué es lo que sí, cuáles son las instancias más profundas e inmutables y cuáles las que oscilan y varían más, habría que investigar cómo estas últimas afectan e influyen sobre las primeras, y si son capaces de hacer

162

variar aquéllas. Fruto de esas investigaciones sería la difícil cuantificación de esos factores y de esos efectos.

Así, por poner el caso de un elemento observable "a simple vista" en la realidad, cual puede ser la secularización religiosa de muchos individuos en la mayor parte de Europa en los últimos tiempos, si constatamos (después de sopesar debidamente aspectos del fenómeno referido, como la mutación o refugio de la religiosidad de los individuos en otros elementos diversos) que efectivamente se ha producido el repliegue de un fenómeno accidental, concreto, externo, cual es el del cristianismo, habría que ver en qué medida ese hecho nos llevaría a una paralela declinación del aspecto que tenemos por esencial, el de la religiosidad. Habría que ver en qué medida esa nota pretendidamente sustancial, el componente religioso de la conducta humana, es tan esencial como creemos, habría que ver si ese sentimiento desaparecido deriva en otras ideas y sentimientos semejantes o sucedáneos, o si simplemente deja de existir, y si en este caso lo hace a costa de crear insatisfacción entre los individuos, y si ello producirá un rebrote del mismo o parecido fenómeno religioso aunque con otras connotaciones, porque es posible que el hombre vaya trasladando esa creencia o práctica religiosa destruida hacia otros fenómenos diferentes de similar naturaleza, y si los elimina de su vida es posible que ello dé lugar a un cambio de su percepción social, de su cosmovisión, cuyo alcance y consecuencias habrá que analizar. Es decir, el hombre se va ubicando dentro de unos parámetros sociales dibujados en la sociedad en la que se encuentra, si un elemento de esos desaparece, el panorama se modifica; si desaparece la coordenada religiosa, habrá que ver cómo el hombre se adapta al nuevo entorno, o cómo ese entorno se reorienta sin ese elemento. Así pues, habrá que seguir la pista de los accidentes, de los aspectos más visibles y cambiantes, para ver si tras ellos encontramos algún elemento sustancial, y sobre ese pilar comenzar a construir ciencia social.

Se considera imprescindible y urgente la localización de lo "inmutable", de lo que en la sociedad no cambia, con las dificultades evidentes que ello plantea; como la otra cara de la misma moneda quedará a su vez expuesto lo que cambia, lo que es accidental, y así se irá introduciendo una mayor serenidad en el estudio vertiginoso de buena parte de la investigación sociológica actual. Es fundamental añadir mayor claridad en el análisis y hallar las claves del mismo en una diferenciación lo más nítida posible entre lo inmutable y lo cambiante. En nuestra opinión resulta totalmente inapropiado no afrontar esta tarea, obviar el estudio de lo inmutable, y centrarse sólo en los aspectos cambiantes, de modo que éstos, sin el debido contrapeso científico, sin la necesaria perspectiva holística de la sociedad, son tenidos como los únicos existentes, como los únicos importantes, como los que constituyen la verdadera naturaleza y esencia de la sociedad. Si la sociología actúa de esa manera se convierte en una mera generalización de los datos históricos del presente. La sociología ha de operar sobre la base de una historia más amplia, de todo el proceso histórico, ha de hallar los elementos necesarios para extraer de ellos los datos válidos sobre los que fundamentar una verdadera teoría sociológica, con vocación de duración y de científica. No solo habrá de apoyarse en la historia, también la antropología, la psicología y las demás disciplinas humanas han de constituir las fuentes de toda la información precisa para su propósito.

Desde un punto de vista puramente semántico, cuando se dice que "la sociedad cambia", que lo hace a un ritmo vertiginoso, que lo que ocurre en una época determinada poco o nada tiene que ver con la siguiente, se incurre en un error o una contradicción con el propio uso de los términos. Si hablamos de "sociedad", de que la "sociedad cambia", que la "sociedad cambia mucho", estamos haciendo referencia siempre a un mismo sujeto, el social, la sociedad, luego damos por hecho que hay una serie de notas que la individualizan, que la definen, que se mantienen inalterables a través del tiempo y del espacio. Si no fuera así no podríamos establecer comparaciones entre dos momentos, el cambio sólo se puede predicar respecto a un sujeto que mantiene su identidad, y esto es lo que ocurre con la sociedad, sin embargo en la práctica se relega de un modo incomprensible el estudio de lo permanente. Hay, pues, todo un conjunto de elementos, notas, características y aspectos que conforman su esencia y que nos permiten aludir de un modo claro y significativo, con sentido, al sujeto social. A la sociología, que ciertamente ha nacido como un intento de responder a los "cambios bruscos" de la sociedad en el siglo XVIII y XIX, no podemos seguir atribuyéndole como objeto principal dar cuenta del cambio social, porque la estamos condenando a lo accidental, a lo efímero, a lo cambiante, y la abocamos al fracaso, puesto que resulta imposible explicar los accidentes, si no se analiza la sustancia, lo inmutable, lo principal del fenómeno. Se ha producido, pues, una renuncia al estudio de los principales aspectos y caracteres de lo social, centrándose básicamente en lo "secundario" y pasajero, y así es imposible construir un conjunto de conocimientos duraderos y científicos.

Para poder invertir la actual situación y acercarnos a un conocimiento más exacto de la sociedad sería necesario que la sociología variase sus procedimientos, porque si la metodología sociológica se apoya fundamentalmente en el estudio de los sujetos en el presente, en lo que hacen, lo que dicen o lo que sienten y piensan en ese momento, los resultados pueden darnos una idea de ese preciso momento histórico, pero no nos informan sobre la verdadera naturaleza de la sociedad porque:

a) No se comparan fenómenos, hechos, instituciones, en diferentes épocas y lugares, para ver si además de las diferencias aparentes hay también otras sustanciales, de fondo, de motivación y de finalidad, de modo que se pueda establecer o no una continuidad temporal y una identidad espacial más allá del distinto aspecto superficial.

b) Se centra principalmente en el análisis de lo más consciente, lo manifestado, manipulado y distorsionado del pensar y del actuar del hombre. Se echa de menos un análisis más profundo de sus actos sociales, de su comportamiento más incondicional e inalterado por las circunstancias de cada momento y lugar. No se profundiza lo suficiente en el auténtico comportamiento humano, en su aspecto más trascendente y propio, del que le une directamente con el pasado y con el futuro, y la información resultante no suele mantener una validez temporal larga, se agota normalmente con su época y suele declinar con su tiempo (y muchas veces ni siquiera eso, puesto que no es capaz de reflejar lo que realmente ocurre, tarea por lo demás enormemente costosa y compleja y con grandes limitaciones espaciales, por lo que ha de referirse siempre a un "universo" generalmente muy reducido que precisa ser extrapolado continuamente para incrementar su utilidad, pero que choca con el grave problema de la fiabilidad de los resultados así obtenidos).

Por último, la creciente especialización ha de ser reconducida y no es por sí sola, en los términos actuales, la solución para afrontar el problema del conocimiento en el ámbito de lo social, por varios motivos:

a) Supone un incremento de información difícilmente procesable, comparable y verificable, ampliando el campo de análisis de un modo exorbitante, que cuestiona la capacidad de asimilación no sólo del profano, sino incluso de la colectividad científica.

b) Nos encontramos ante un sistema que crea "dominios" (las especialidades) y "nuevos propietarios" (los especialistas), de un gran valor en el tráfico de "bienes intangibles". Entre los "intelectuales" se está creando una "realidad virtual", que constituye un buen mercado, un oligopolio al que acceden unos pocos, es un campo muy sufrido que descansa sobre la base de la creencia social de que por esa vía se incrementa el conocimiento, y de ese modo mejorará la calidad de vida de los sujetos y de la colectividad. Es un fenómeno con una destacada presencia en nuestro tiempo, aunque de raíces muy antiguas.

c)   Hace falta una labor de reconducción, de comparación, de confrontación, de aglutinamiento de información tan grande, que resulta tan difícil como ineludible. Si observamos lo que ocurre en la medicina, podemos caer en la tentación de pensar que aquí la especialización sí que es provechosa, sí que contribuye a salvar vidas, a mejorar la labor curativa. Pero no hay que olvidar que las circunstancias son muy diversas, en este caso el paciente siempre está en la mesa de operaciones, o en la consulta, y reclama, él o su familia, esa mejoría, y además tiene una vida efímera, que pide soluciones concretas y palpables y al que no le valen respuestas ambiguas. En las disciplinas humanas y en sociología el paciente, la sociedad, es mucho más "paciente", no se morirá por un error del diagnóstico, durará toda la vida y además, al menos por ahora, no reclama remedios inmediatos de sus "especialistas", se satisface con el simple conocimiento de que se encuentra enferma, no está acostumbrada a las "soluciones", y los experimentos que se han producido en esa tarea de cura o de reorientación, por ejemplo el comunismo, han resultado poco gratificantes. En el fondo subyace el pensamiento social de que quizás sea preferible no disponer de un más exacto conocimiento de la sociedad, porque de existir podría ser utilizado peligrosamente.

Las tic (III). El ordenador: inconvenientes y futuro
7/12/2014

Inconvenientes

Según la perspectiva que se adopte para la consideración del precio de estos instrumentos, podemos estimar que su coste es elevado o no tanto. Desde el punto de vista de las funciones que en sí mismos prestan, cabe decir que es mínimo, habida cuenta la cantidad de posibilidades, opciones, tareas -casi infinitas- que por medio del ordenador podemos llevar a cabo. Sin embargo ese coste, que al principio de la "era informática" era extratosférico, únicamente al alcance de grandes corporaciones o empresas, ha experimentado una popularización, una rebaja tal que lo ha hecho asequible a una gran mayoría de la población, de modo que precisamente en esa divulgación masiva es donde se anclan los grandes beneficios que la poderosa industria informática ha obtenido en todos estos años.

Es ésta una de las principales condiciones del desarrollo investigador y de avance en esta materia; es decir, en la medida en que una determinada tecnología pueda ser usada por grandes capas de población y pueda ser catalogada como bien de consumo masivo, en esa medida se promueve la investigación y mejora, lo que no ocurriría si dicha investigación no fuese susceptible de ser debidamente rentabilizada en una posterior fase comercial.

Es decir, la industria informática avanza y progresa fundamentalmente en la dirección que le trazan los beneficios económicos que, hoy por hoy, obtiene mayoritariamente de esa comercialización general de sus productos. Lo que no quiere decir que no destine esfuerzos y energías a la satisfacción de las necesidades de determinados organismos y entidades concretas, pero esos beneficios son menores que los que se producen como consecuencia de esta nueva demanda global. Lo cierto es que los costes de los productos informáticos se han popularizado, se han hechos asequibles al poder adquisitivo de los consumidores, en una relación muy estudiada de dicho mercado. También puede decirse que dentro de ese contexto comercial, las empresas del sector lanzan y generan productos informáticos, entre ellos el ordenador y todos los demás periféricos, de modo que constantemente se van mejorando los aparatos y se va haciendo necesario adquirir otros nuevos que tengan una mayor potencia y capacidad, en los que puedan funcionar adecuadamente los nuevos programas que igualmente se suceden en un proceso similar de obsolescencia controlada, de tal forma que se produce un efecto de consumo continuado, que engrosa los beneficios de las empresas que los producen y, a la vez, satisfacen el deseo de los usuarios, que disponen de lo más moderno, aunque por breve tiempo, puesto que con seguridad se verá superado a corto plazo por otro instrumento o programa más evolucionado.

En la cuestión de los costes informáticos, ha irrumpido recientemente con cierta notoriedad una cuestión de importancia, sobre todo para las empresas afectadas, aunque sólo indirectamente repercute en los costes de los ordenadores. Es el llamado software libre, como singularmente ocurre con aquél que deriva de Linux, y que viene a suponer una grave amenaza económica para el grande del sector, Microsoft, por cuanto es gratuita la utilización de todo el conjunto de programas de software, sin necesidad de abonar licencia ni coste alguno. Aunque pasar de la actual situación de pago a la que pudiéramos llamar "gratuita" tiene unos costes, que a veces pueden ser muy elevados, sin embargo en el futuro es de prever que esta opción gratuita pueda llegar a acabar con el monopolio mundial de Microsoft, de ahí las grandes presiones que la firma estadounidense está realizando a todos los niveles en todas partes. Entre las razones que exponen para rechazar esa nueva oferta gratuita está la pérdida de puestos de trabajo directos o inducidos. Como puede verse, las "razones" que esgrimen son en cierta medida colaterales a los propios usuarios, son más bien de macroeconomía, afectarían sobre todo a los estados o gobiernos, salvo a los empleados de la propia firma. De modo indirecto, y por razones técnicas, se produce para el caso concreto del ordenador, que es el que estamos abordando en este apartado, un efecto en cuanto ese software libre parece ser más conservador respecto al hardware, al requerir para su adecuado funcionamiento menos potencia y sofisticación.

Uno de los efectos inmediatos del uso del ordenador es la gran dedicación que precisa. No es posible realizar simultáneamente otra actividad, requiere una tal interacción por parte del usuario que le absorbe casi por completo. Además esa dependencia ha de ser mantenida generalmente durante muchas horas a diario, lo que condiciona la vida de ese usuario y le obliga a estar al lado de ese ordenador, en una postura determinada y en unas determinadas condiciones físicas y mentales. Al margen de la satisfacción mayor o menor que con esa conducta se obtenga, lo cierto es que su vida queda muy condicionada y dependiente del funcionamiento de ese instrumento. El carácter voluntario o forzoso, consciente o inconsciente de esa dedicación y dependencia, son cuestiones que han de ser estudiadas y que suponen un hecho de gran relevancia en la vida social de nuestro tiempo. Hay casos o situaciones claramente anómalos en que ese uso presenta unos efectos y unas consecuencias graves para la voluntad del sujeto – adicción - y para su salud, dando lugar a unas patologías que están comenzando a surgir y a ser causas de numerosas bajas laborales. Con el tiempo dispondremos de más datos y mejor información sobre estas nuevas situaciones con las que ha de contar necesariamente el usuario del ordenador y de estas nuevas tecnologías. Hay casos en que estos "daños colaterales" son muy graves y frecuentes, pero la sociedad ya cuenta con ellos, los contempla como inevitables y los asume como un mal necesario, fruto de nuestros hábitos modernos, como el precio que hemos de pagar por las altas cotas de bienestar y de desarrollo, por la sofisticación de la vida en la actualidad. Sólo cuando esas consecuencias negativas son tan graves y elevadas como ocurre por ejemplo con las víctimas de los accidentes de circulación es cuando comenzamos a valorar el uso de esas nuevas tecnologías, es cuando nos cuestionamos la bondad del desarrollo tecnológico y nos preguntamos si ese precio compensa la comodidad, aunque la solución suele venir de la mano de otras alternativas, en ningún caso de una vuelta al pasado y una renuncia a ese nivel de "desarrollo". Con el ordenador y su entorno informático aún no se ha producido o no nos han llegado consecuencias tan nocivas como para poner en peligro el uso del mismo, son datos perfectamente asumibles los relativos a esa adicción o secuelas para la salud, y no parecen representar un obstáculo para su desarrollo y uso.

Futuro

172

Los antiguos mecanógrafos han dejado paso a los "usuarios", auténticos especialistas en informática, necesitados de un nivel de conocimientos en constante evolución, y que pierde su actualidad con la rapidez con la que los grandes consorcios del medio lanzan al mercado nuevos productos de software y de hardware.

Como muestra de la evolución de las previsiones sobre estos nuevos instrumentos tecnológicos, aludimos a continuación a determinados pronósticos sobre el crecimiento de los ordenadores personales, vertidos ya hace algunos años y que reflejaban las posturas encontradas de dos de los máximos exponentes del sector, Bill Gates, presidente de Microsoft, y Larry Ellison, presidente de Oracle, su principal rival. El primero sostenía que por medio de las comunicaciones individuales en el mundo de la educación y la empresa se produciría un gran crecimiento del ordenador personal, debido a un hardware más barato junto con un software más imaginativo, lo que él denominaba "rizo del éxito del ordenador personal". Ellison, en cambio, preveía una caída del ordenador personal, al que consideraba un aparato ridículo y de difícil manejo, que sería sustituido por terminales más sencillos y baratos, no inteligentes, puesto que la inteligencia se ubicaría en la red que es la que facilitaría la información y el entretenimiento. El software que se aloja en los ordenadores personales, dejará paso a una gama más amplia que se alojará en dicha red. Sus opiniones aparecen muy condicionadas por los intereses empresariales de uno y otro, a corto plazo es previsible un crecimiento de los ordenadores personales debido a la divulgación de los juegos de tres dimensiones, junto al aumento en el uso de las redes y de los ordenadores portátiles.

173

La religión (III); Cómo abordarla desde las disciplinas humanas 15/12/2014

Aunar esfuerzos

Si no contamos con una intervención conjunta o un tratamiento global del fenómeno religioso perderíamos toda una serie de consideraciones fundamentales para una más exacta aproximación al mismo. Si nos limitamos al punto de vista del sociólogo, únicamente podremos disponer de aquella información relativa a los datos, a los sentimientos de los individuos, a sus percepciones actuales del fenómeno, por supuesto que necesarias, pero si queremos datarlo y estudiar sus orígenes, sus vicisitudes, sus momentos de apogeo o de declive, sus luchas y enfrentamientos con otros, necesariamente hemos de acudir a la historia; para saber qué ocurre o ha ocurrido con ese fenómeno en otras culturas, hemos de adentrarnos en la antropología; si queremos conocer a qué mecanismos mentales, conscientes o inconscientes, se debe la existencia o persistencia del fenómeno, la psicología resulta asimismo imprescindible; si nos parece importante el sentido, la conveniencia o no del fenómeno, la filosofía se muestra como insustituible, etc.

Desde luego que la visión sociológica puede ofrecer datos muy valiosos de cómo sienten el fenómeno un grupo de personas, en un momento determinado, de cómo lo viven, cómo lo entienden, cómo lo realizan, pero esas personas difícilmente podrán ofrecer elementos valiosos sobre todos los demás aspectos expuestos, porque carecen de la información precisa, ignoran la génesis de su modo de pensar, las relaciones con

174

otros fenómenos similares o antagónicos, ignoran las causas de sus pensamientos más íntimos, el por qué de muchos de sus actos. Preguntar a una o varias personas por qué hacen algo no es suficiente para dar cuenta de las características de esos actos; acaso informe sobre el pensamiento de un individuo, sobre su representación mental de la realidad, condicionada por el procedimiento de recogida de datos, pero de ahí a generalizar sobre la naturaleza de un fenómeno social tan complejo como el religioso, tan enraizado en otras épocas, tan mediatizado y tan impersonal, hay un abismo. No creemos que solo con esos datos podamos alcanzar conclusiones sólidas sobre los fenómenos sociales, se trata de una información necesaria, pero no suficiente. Si lo que queremos es alumbrar conocimientos que tengan la pretensión de alcanzar el estatus de científicos, con una validez general, en cuanto al tiempo y lugar, se nos antoja inservible el método sociológico, al menos en los términos en que actualmente está planteado.

La sociología tiene su importancia y trascendente papel, pero esa ineludible aportación al mundo de las ciencias sociales, se potencia y mejora notablemente con el concurso de las demás disciplinas. Es fundamental contar con sondeos de opinión para valorar la aceptación de un determinado producto, en un momento determinado, para conocer la intención del voto de una determinada comunidad, todo eso, con sus problemas y limitaciones, es vital y no hay, quizás, otro medio mejor para llegar al conocimiento de esos datos, y se puede decir con razón que en estos casos traer a colación una cascada de información sobre el origen, causas, interferencias, efectos o sentido de esa opinión de los ciudadanos, lejos de mejorar, entorpece y nubla un resultado que se quiere totalmente simple, preciso y claro. Pero hay que reconocer que ese procedimiento es válido, útil e insustituible para unos concretos objetivos, sacar una foto, con la mayor nitidez posible, del estado de una cuestión, de una opinión, de un problema, en un momento determinado. No vamos a ahondar ahora en los errores que a veces se producen, en la falta de transparencia de los individuos al manifestar sus auténticas opiniones, los cambios de éstas en el último momento, que ciertamente los hay y son dignos de ser tenidos en cuenta. A pesar de todo eso, creemos aceptables los actuales métodos sociológicos para determinado tipo de cometidos, no para todos. Pretender que esas metodologías sean capaces de ofrecer datos válidos para sostener por sí solos una visión aceptable y "científica" de toda la sociedad nos parece inadmisible, porque de hecho ni ha sido así, ni lo es, ni parece que vaya a ser posible. La propia naturaleza de las metodologías sociológicas al uso es suficiente para hacernos abandonar esas ideas. Basta que se produzca la aparición de cualquier nuevo hecho para que los individuos vean alterada su mapa de percepciones, su vida diaria, sus actos, para que sientan y entiendan el mundo de un modo continuamente cambiante; por doquier el hecho del "cambio" hace que las sensaciones, "opiniones", y representaciones individuales sean tenidas por los propios sujetos como absolutamente temporales, dependientes del paso del tiempo, y en absoluto inmutables.

Si pretendemos alcanzar un grado de permanencia en el conocimiento, en la regularidad, en las conductas de los individuos, evidentemente todo procedimiento que se asiente y parta de unas fuentes de información tan movedizas, no puede albergar la esperanza de aportar datos sólidos que fundamenten una base firme. A no ser que de antemano renunciamos a esos objetivos, cosa que parece ocurrir, reduciendo el carácter

176

científico de la disciplina a la constatación de una o muy pocas correlaciones entre muy escasas variables de tiempo, lugar y conductas, de modo que se limite a aseveraciones del tipo que lo que ocurre es "q" , pero sin poder probar que la causa sea "p", y sin poder decirnos tampoco que en el futuro "q" se transformará en "r". Según la metodología actual no hay base para poder decir por qué ha ocurrido, ni si ocurrirá algo determinado.

Creemos necesario cambiar el marco, las coordenadas bajo las que hemos de afrontar los fenómenos sociales. Hemos de buscar mayores generalidades, procesos largos, desde los que hallar unas reglas generales, válidas siempre en el mundo de la sociedad y del individuo, por más que no se produzca el abandono de los actuales modos de proceder. En este punto queremos deslindar la presente propuesta de la de Braudel [1], cuando habla de los distintos tiempos en el análisis de los datos históricos; su tiempo "largo", sin dejar de apuntar a una similar ampliación del campo de estudio de los fenómenos sociales, no excluye el cambio social, ni parte de la permanencia de lo social. Hemos de ser capaces de elaborar un mapa, lo más detallado y completo posible de cada fenómeno, dentro del cual cada momento histórico recorrerá un camino, ya abordado, ya delimitado, ya acotado por el estudio de cada hecho. Es posible la novedad, que en un momento en concreto se podrá añadir al dibujo elaborado, pero cada vez será más rara esa posibilidad.

Comparar

Por otra parte, los estudios comparativos resultan absolutamente vitales para extraer características ocultas tras la realidad presente. Sólo si analizamos un fenómeno en sus manifestaciones temporales en distintas épocas y en diferentes ámbitos y circunstancias, podemos llegar a proponer una descripción panorámica y acertada de su verdadero alcance. Las expresiones religiosas de los egipcios, de los griegos, de los romanos, de los pueblos invasores del norte, de China, de la India, por ejemplo, resultan necesarias para completar el mapa del fenómeno religioso. Evidentemente estamos entrando de lleno en las que hoy por hoy se definen como competencias, no sólo de la historia, sino también de las distintas antropologías, es decir de la antropología sin apellidos. De nuevo abogamos por esa mixtura, por esa actuación conjunta de las hoy separadas disciplinas humanas, como algo irrenunciable, imprescindible y sine qua non de la aproximación a los fenómenos en que interviene el hombre y la sociedad. Si queremos que nuestras conclusiones tengan alguna validez en el tiempo, necesariamente hemos de seguir ese camino conjunto, mezclando y aunando absolutamente métodos, investigaciones y resultados, hasta volver a confluir todas esas disciplinas en un actuar conjunto y unitario, tal como fue en el pasado y no debió dejar de ser en el presente.

Puede decirse que este planteamiento tendrá una validez más limitada al tratar otras cuestiones que no ofrecen una nota tan enraizada en el pasado como el fenómeno religioso. Sin embargo, sostenemos que ese procedimiento ha de ser el mismo en cualquier circunstancia y ante cualquier objeto de investigación, ya que la cuestión de los orígenes de los actuales fenómenos siempre es similar y se encuentra en la base de la naturaleza humana, muy permanente a través de los tiempos. Qué ocurre si nos dedicamos a investigar las ideas religiosas y el grado de religiosidad de una determinada comunidad en una precisa concreción geográfica y temporal; podemos llegar a un aceptable grado de información sobre cuáles son sus creencias, su práctica religiosa, su nivel de correlación entre teoría y práctica religiosa, todo ello referido al momento presente, y en un lugar concreto, pero en cuanto tenga lugar cualquier acontecimiento exterior, o que repercuta internamente en esos individuos, nuestro estudio ya se encontrará obsoleto.

Si pretendemos que la sociología suponga una real aproximación al conocimiento de los fenómenos sociales, hemos de traer a colación otras consideraciones sobre el nivel de reacción del hombre ante fenómenos *distorsionantes*, de naturaleza similar a los que ahora o en el futuro puedan presentarse. Sin desdeñar en absoluto la validez, enorme en la mayoría de casos, de los trabajos concretos, pegados al presente, hemos de ser capaces de ofrecer ese otro enfoque más intemporal, más duradero. Así si invocamos el ejemplo del denominado "choque de civilizaciones", si optamos por el enfoque que proponemos, no podríamos concluir que nuestra época se caracteriza en exclusiva históricamente por esa confrontación, sino a lo sumo podríamos decir que de nuevo se reproducen situaciones de enfrentamiento, similares a las que ya tuvieron lugar, de modo tan sangriento, en el pasado, de forma tan continua y permanente, hasta el punto que la excepción han sido los períodos de paz y no los de conflicto.

[1] Braudel, F. *El Mediterráneo y el mundo mediterráneo en la época de Felipe II.*

Adaptación al medio 20/12/2014

Hay un movimiento adaptativo constante de los individuos y de la sociedad para encontrar continuamente el lugar más satisfactorio dentro de esa realidad externa que es objeto de una continua alteración por el efecto de dos factores principalmente, el desarrollo técnico-científico y la variación demográfica y medioambiental.

Históricamente se va produciendo una importante transformación de la realidad en que los individuos viven, debido al desarrollo de nuevos conocimientos que permiten el logro de un creciente dominio sobre la naturaleza, una mejora constante en los medios técnicos que se utilizan para obtener una mayor productividad, un mayor rendimiento en el trabajo, una mayor comodidad en las tareas diarias, etc., por tanto se da un cambio importante del marco, del hábitat, en el que la sociedad ha de afrontar diariamente su realidad, y aunque los factores individuales y sociales se mantengan, necesariamente la sociedad ha de adaptarse a esa realidad cambiante.

A continuación relacionamos algunos supuestos que nos permitirán concretar más las teorías que proponemos en este punto.

1. Si un individuo desea adquirir una cierta formación académica, hoy en día utiliza unos medios y realiza unas acciones que en lo externo poco tienen que ver con lo que hacían en Grecia, por ejemplo. Sin embargo, en esencia se trata de memorizar o interiorizar una serie de contenidos, técnicas o habilidades, de algo o alguien que los imparte, con la finalidad de poder usarlos en un momento posterior y obtener de ello un

beneficio personal y social. Cuanto más formación asimilada, normalmente el beneficio individual y social serán mayores. Fundamentalmente los elementos principales del fenómeno educativo y la finalidad, se mantienen idénticos, lo que cambia son los instrumentos de que dispone el alumno para lograr esos propósitos. La mentalidad de los sujetos es diferente, puesto que el conjunto de datos históricos que maneja difieren también de las de aquella época, como consecuencia de las condiciones externas. Así pues, ¿si tenemos que han cambiado los medios y la mentalidad de los sujetos, podemos decir que la educación es diferente? Hay que revisar la cuestión de la mentalidad, qué piensa un joven de su educación, hay que decir que al joven en Occidente no se le da otra opción, se le obliga a estudiar, a aprender, en Grecia o Roma también, aunque no por tanto tiempo como ahora, las materias cambian, es discutible si son mejores o peores, pero en general se le inculcan conocimientos útiles para él y para la sociedad. Una diferencia importante está en la educación femenina, antes casi inexistente; ahora, al menos en Occidente, la mujer dispone de los mismos medios y posibilidades formativas que el hombre. Si admitimos que la equiparación de la condición de la mujer ha corrido pareja y se ha debido sobre todo a la ideología y mentalidad dominante, al nivel de desarrollo científico o técnico de la sociedad, que le ha permitido alcanzar un igual volumen de productividad, podemos dar por explicado el hecho de la desigualdad de la mujer como cortapisa u obstáculo para la teoría que proponemos, es decir, que las diferencias no son más que una consecuencia de las condiciones del medio, del hábitat en que el hombre y la sociedad se desarrollan, pero que en realidad, en igualdad de condiciones culturales y materiales, los hechos se mantendrían en unos términos semejantes.

Por tanto, podemos llegar a la conclusión de que la sociedad se mantiene la misma, o al menos podemos funcionar sobre la base de esa suposición, para estudiarla de otro modo, de forma más sosegada, más eficaz y más real. Si, por el hecho de que las circunstancias externas hayan cambiado, consideramos que la sociedad misma lo ha hecho, dando más importancia a ese cambio externo que al de la propia sociedad, habremos cometido un error importante que nos impedirá llegar a conocerla verdaderamente, puesto que nos alejamos de su verdadera naturaleza y de la del hombre. La sociedad reacciona y trata de desarrollar todas las notas que le son propias dentro del marco concreto en cada momento. El hábitat está conformado por una multiplicidad de elementos, como por ejemplo una determinada mentalidad o ideología, unas concretas circunstancias medioambientales en cuanto a los recursos disponibles, en relación con el medio físico-geográfico, un particular estado de problemas o conflictos heredados de anteriores grupos, un cierto estado de los conocimientos acumulados, un peculiar grado de desarrollo científico-técnico, un peso demográfico, etc.

La sociedad, los grupos humanos y los individuos han de reaccionar de acuerdo a sus posibilidades, con los recursos e instrumentos de que dispongan en cada caso. Se produce, pues, una tensión entre los deseos de satisfacción y realización social y personal de los grupos sociales y de los individuos que los conforman y la realidad exterior que delimita un campo por el que han de transitar para conseguir los objetivos trazados. Los mecanismos de acción individual y social seguirán pautas universales, obtener el mayor beneficio posible de cada situación, individual o globalmente consideradas. El hombre y el grupo social desea o ansía la diversión, el placer, si en Roma la oferta pasaba por la lucha entre gladiadores o con fieras en el circo, o la caza o los torneos en la Edad Media, ahora existen otros medios como el cine, la televisión, la gastronomía, el deporte, las compras o los viajes de placer. El hombre usa los medios de que dispone en cada momento, pero no por ello diremos que la sociedad funciona de modo diferente, sino que utiliza medios diferentes.

2. Si los desplazamientos ahora son mucho más rápidos que antes, el hombre utilizará esas nuevas posibilidades, pero no sostendremos que la sociedad ha cambiado. Siempre que hay vida social, los individuos han de limitar o acomodar sus deseos particulares para hacerlos compatibles con esa vida social, aunque ese grado de acomodación, de renuncia a lo personal, varía ostensiblemente de unas sociedades a otras, de unos individuos a otros, por numerosas causas. Por tanto hemos de intentar aclarar la verdadera naturaleza de la sociedad, al margen de las concretas manifestaciones históricas que se producen en cada periodo histórico, en cada sociedad; para ello es ineludible el recurso a la historia, a la antropología, a la psicología, etc. Es preciso echar mano del procedimiento comparativo, para exponer las diferentes y variadas manifestaciones sociales respecto al tema elegido, por ejemplo el de la diversión social, para desde ahí, desde la multiplicidad de supuestos históricos, tratar de hallar generalidades relativas al comportamiento social, prescindiendo de esas diferencias que son utilizadas únicamente como un instrumento de análisis, pero que retiraremos una vez llegados a los objetivos previstos: la búsqueda de las regularidades. Los elementos externos que condicionan, constriñen, limitan y encauzan la vida social son de muy variada tipología, como hemos visto, y tanto pueden ser de naturaleza puramente física: como es el caso del medio

183

geográfico en el que una sociedad se desenvuelve, el volumen de población o los recursos disponibles, como una creación del hombre, por ejemplo la ideología, los avances científicos y la tecnología, etc. Pero en todo caso es fundamental ese medio externo a la sociedad, frente al que dicha sociedad ha de manifestar sus deseos, su auténtica naturaleza. Esa relación, esa tensión, entre sociedad y hábitat, es bidireccional, ambas se influyen mutuamente y admiten oscilaciones, progresos y retrocesos, es decir, no es perfectamente matemática, exacta. Lo que para una sociedad determinada constituye un acicate, por ejemplo el hecho de tener contacto con el mar, que le ha permitido a esa sociedad su expansión o exploración marinas, para otros pueblos igualmente limítrofes con el mar no lo ha supuesto, o lo ha sido en diferente medida.

3. El cambio de las circunstancias externas, del hábitat, de la ideología, etc. es lo que explica que, por ejemplo, los espíritus revolucionarios del tipo de los que lucharon por los derechos de la burguesía en la Francia de 1789, y los que lo hicieron por el proletariado en la revolución de octubre en Rusia, ahora vean reducido su margen de maniobra enfrentándose con alguna acción aislada de algún gobierno concreto, en defensa de las especies marinas, de la conservación de la naturaleza, o combatiendo contra alguna cadena de restaurantes de "fast food". Los ideales revolucionarios de otras épocas ahora actúan con mucha menos claridad, en un intento de conservar esa antigua beligerancia, sin saber muy bien por qué, contra quién, o para qué. Los impulsos de rebeldía, propios de la juventud, o de ciertos grupos o mentalidades sociales, han perdido muchas de sus referencias clásicas y se encuentran desorientados, sin unos objetivos claros, y muchas veces sus acciones resultan incoherentes, porque se integran o participan de muchos de los

184

elementos del sistema al que dicen oponerse. La necesidad de acomodación la observamos en la mayoría de los hechos, fenómenos y acciones sociales. Las condiciones objetivas del marco social van cambiando continuamente, aunque haya cierta coincidencia en algunos elementos y en algunos momentos históricos determinados, pero la igualdad es imposible que se produzca, puesto que el volumen de circunstancias y de factores es enorme, y por tanto la repetición resulta ciertamente imposible. Más común es que los elementos subjetivos, de los propios individuos o grupos sociales se mantengan dentro de unas similares coordenadas. Tampoco en esta dimensión cabe hablar de una identidad absoluta, (ni siquiera en el ámbito de las ciencias naturales cabría hablar "stricto sensu" de ella, aunque sí es más factible), pero sí comprobamos una mayor similitud en las motivaciones, aspiraciones, acciones y conductas de los individuos y de los grupos sociales a través de los tiempos. Por tanto, por pura operatividad, resulta más aconsejable trabajar sobre esa base menos mutable, más permanente, para apoyar sobre ella el edificio de nuestra disciplina, sobre unas bases más firmes, más sólidas, y a partir de ahí intentar dar cuenta y explicar mejor la realidad en toda su complejidad, que aparece integrada por el elemento "natural", mas estable, y por el "hábitat": las circunstancias cambiantes y el marco social.

En definitiva, se propone aceptar la idea de que una hipotética sociedad, igual y permanente sustancialmente a lo largo de los tiempos y circunstancias cambiantes, reacciona, se realoja, trata de reconvertir cualquier hábitat para que su esencia social alcance el mayor y mejor grado de desarrollo, de acuerdo con sus exigencias "naturales", podemos decir. Por ello, proponemos un matiz diferente en cuanto al modo de afrontar las disciplinas sociales su objeto de estudio. No se trataría tanto de ver cómo la sociedad cambia debido al paso del tiempo, sino de ver cómo y qué cosas hace la sociedad para seguir siendo la misma de siempre a pesar del cambio de "hábitat", de factores y elementos externos.

Así pues, la sociedad no cambia, sino que se adecua a unas circunstancias diferentes, que le obligan a adoptar ciertas modificaciones concretas de su comportamiento diario, pero que no llegan a desnaturalizar su auténtico ser, ni individual, ni colectivamente considerado. Queremos decir que los mismos ciudadanos que tomaron La Bastilla en 1789, serían los que hoy en día con el mismo entusiasmo atestan un estadio de fútbol y profieren insultos contra el árbitro, quedando igualmente satisfechos de su acción. Los comportamientos externos no serán comparables históricamente por su repercusión, pero quizás las motivaciones, la satisfacción, y el resultado individual sean muy similares. Externamente no es lo mismo un torneo o una cacería medievales, que una partida en la "play station", pero quizás las motivaciones, los resultados y la función social de las mismas sean muy semejantes. Ese cúmulo de hechos es lo que nos lleva a pensar que hemos de intentar apoyar nuestra investigación en esos elementos comunes, que son en definitiva los que conforman y componen el conjunto de notas que nos permiten hablar de la sociedad a través de los tiempos, en términos de igualdad, de identidad sustancial, y en definitiva son los que nos hacen pretender una disciplina científica, con un grado suficiente de objetividad, permanencia y generalidad como para que podamos referirnos a ella con una acepción científica, de continuidad de unos conocimientos que sirven para dar cuenta de la misma, más allá de una pura contingencia *a posteriori.*

Teorías relativistas y el cambio social 6/1/2015

Por tal puede entenderse el tipo de opiniones que se caracterizan por ofrecer visiones limitadas de la realidad, y por prescindir de soluciones definitivas sobre el modo de interpretar los hechos y acontecimientos humanos y sociales. En la práctica suponen una reacción frente al fracaso de teorías anteriores, cuyas previsiones no se han cumplido o se han visto frustradas por una realidad tozuda, que no se ha avenido a sus pronósticos.

Esto es lo que ha ocurrido con teorías y paradigmas teóricos en el ámbito de las ciencias humanas y sociales. Uno de los más significados ha sido, como hemos señalado anteriormente, el marxista, que partía de la base de una serie de conductas que el hombre y la sociedad habrían de seguir, de acuerdo con una serie de reglas y presupuestos señalados por la propia teoría, y que necesariamente habrían de ocurrir. La realidad de los hechos ha establecido otras circunstancias y las previsiones no han tenido lugar, se ha producido una pérdida de confianza en la capacidad explicativa de tales teorías, que habían despertado enormes expectativas y habían ocasionado grandes transformaciones sociales en todo el mundo contando con la certidumbre de sus suposiciones. El hombre una vez más ha tenido que despertar del sueño dogmático, y en este sentido "el pensamiento débil", en cualquiera de sus variadas manifestaciones, ya sea el que se denomina estrictamente así, "il pensiero debole", o el que se acoge bajo el manto amplio de "la hermenéutica", viene en la práctica a reconocer de nuevo en la historia de la humanidad la multiplicidad, la legitimidad de la pluriexplicación causal, de la variedad, de la incertidumbre, de que hay muchos matices en la realidad, y que las soluciones únicas cuando el hombre y lo social está por medio son bastante improbables.

En este sentido, autores como Vattimo o Gadamer, suponen un nuevo hito en la historia reciente de las ideas, de las ciencias humanas, y se inclinan por consideraciones plurales de los hechos, por prescindir de esas soluciones absolutas, generales y únicas que acompañaban anteriores teorías que han perdido parte de su vigencia. No cabe hablar solamente del marxismo como teoría con pretensiones explicativas generales, otros muchos autores han intentado alcanzar respuestas universalmente válidas para todo lo humano y social, han invocado la supuesta existencia de unas reglas siempre aplicables y observadas por la conducta humana. Así, tanto en el terreno de la historia, como en el de la psicología, de la sociología, o de la economía, la ética o la filosofía, han aparecido opiniones que han recogido ese criterio. Kant, Hegel, o Nietzsche han supuesto claros ejemplos de ese modo de enfocar los problemas y las soluciones humanas. La generalidad ha sido su mayor pretensión, y la situación de la ciencia natural no ha permanecido al margen de ello, sino que ha operado como un acicate para tratar de buscar unos cauces parecidos a los que alentaban los éxitos en esas disciplinas de la naturaleza. Por tanto la búsqueda de leyes ha impregnado el trabajo en estas disciplinas que han tenido que ver con el hombre y lo social. Sin embargo los resultados, podemos decir ahora, no han acompañado tales propósitos, y la realidad se ha encargado de señalar el fracaso de estos intentos, de modo que el futuro y la realidad humana no encuentra valiosos apoyos en estas teorías, que sistemáticamente se han visto desbordadas por los acontecimientos. Ante este panorama en el campo de las disciplinas humanas, a las que se les retira el calificativo de ciencias cada vez con mayor contundencia, éstas se ven abocadas, en un intento de justificar su existencia, a buscar otros métodos, de forma que mantengan algo de su valor explicativo, de su capacidad para arrojar luz sobre los acontecimientos en los que el hombre es protagonista.

Descartado el camino de la verdad absoluta, de la predicción exacta, de los resultados concretos, ahora algunos autores tratan de emprender otras rutas, de rebajar el alcance de los logros que las disciplinas pueden aportar, sin hacerlas caer completamente en la vanalidad, en la nada. Para ello tratan de recuperar el valor de lo sencillo, de la pequeña teoría, de la humildad en la tarea del enfoque humano. A esto es a lo que autores como Vattimo aluden al hacer referencia al "pensamiento débil", que no quiere decir tampoco que carezca de importancia, que sea inválido, inservible para el propósito explicativo, sino que se aleja de las anteriores pretensiones de grandeza, de exclusividad. En otro sentido, pero con parecidos resultados, Gadamer señalaba que casi todo lo que leía le resultaba aceptable, y haciendo uso del método de los primitivos exegetas bíblicos, de los que la hermenéutica deriva su denominación actual, trata de estudiar y analizar las diferentes teorías existentes y de encontrar en ellas analogías y parecidos.

La falta de claridad es uno de los principales problemas con los que ha de enfrentarse este tipo de pensamiento. Inevitablemente se produce una situación en que, ante la ausencia de las grandes soluciones que propugnaban las posturas dogmáticas, ahora se contrapone una acumulación de teorías parciales, limitadas, y lo peor de todo, mutuamente antitéticas, con lo que se da una gran anulación de esfuerzos, puesto que inevitablemente siempre a una teoría cabe oponer otra u otras, que la contradicen e invalidan. Si falta un criterio, por mínimo que sea, que se decante por alguna de ellas, nos encontramos indudablemente con una situación de caos, de inoperancia, ya que lo único que sucede es una proliferación de posturas teóricas que poco o nada vienen a añadir al conocimiento sobre lo humano y lo social, que es el objetivo que todo esfuerzo intelectual ha de pretender en este marco. Cierto que se supera el dogmatismo, que con esta solución no cabe imponer unos criterios absolutos sobre el entendimiento de determinados hechos o fenómenos sociales. Con ello se produce la desaparición del monopolio explicativo anterior, que ha originado numeras consecuencias en la vida humana, de todo tipo, tanto positivas como negativas, que no es conveniente obviar. Ahora se promueve una dinámica diferente, se dice que en principio tan valiosa es una teoría como otra, que todas han de ser consideradas, y que no hay que desdeñar de antemano ninguna.

Sin embargo, pese a haber superado el monopolio explicativo, la situación no ha mejorado, el planteamiento fundamental de estas posturas, la del pensamiento débil o la de la hermenéutica, se quedan con una metodología sencilla, pero en la práctica los resultados son igual o más descorazonadores que los anteriores. El hombre se siente perdido sin una teoría clara que le ayude a comprender su mundo, pero a la hora de la verdad, cuando llega ese momento, cuando surge cualquier acontecimiento que inquiere una respuesta que supere la perplejidad, no se encuentra otra cosa que la frustración al ver totalmente defraudadas las esperanzas de comprender mínimamente lo que sucede. Pero se siente igualmente

190

desorientado con una infinidad de teorías que le sugieren explicaciones diferentes, de distinto signo, contrarias las unas a las otras, y que le sumen en una nebulosa aún mayor que las anteriores posturas más sencillas y globales. Es realmente difícil saber qué es peor, si una u otra manera de enfrentar los problemas teóricos que la realidad social le están planteando continuamente. Frente a las reglas generales del dogmatismo teórico, el pensamiento débil se abona a las excepciones, a los casos concretos, al particularismo, a la pura casuística, no siendo capaz de dar cuenta de ella. Ahora tenemos tantas posturas como teóricos, hay tantas opiniones que el esfuerzo en que se ve embarcado cualquier intelectual o profano que se acerca a cualquier tema es el de una saturación de información contrapuesta, de tesis y antítesis que sostienen lo contrario con total legitimidad, y que ciertamente ayudan poco a mejorar el grado de conocimiento de esa realidad.

El arte (V): Egipto, arte permanentemente vivo 14/1/2015

Su duración. Queremos advertir sobre el alcance de este tipo de manifestación, en línea con el que puede predicarse desde luego también de otros pueblos. En efecto, la cultura egipcia en absoluto puede ser referida únicamente al periodo que concluye con la reina Cleopatra, sino que continúa completamente viva y actual entre nosotros, hasta el punto que resulta uno de los principales componente artísticos de la cultura mundial. Si bien es cierto que la producción artística en sí misma ha finalizado con el periodo antiguo, no por ello el arte egipcio ha acabado su importancia en ese momento, sino que la misma se ha agrandado enormemente desde entonces, y hoy podemos decir con propiedad que tiene una relevancia muy superior a la que tenía en aquel periodo.

En todo el mundo la *egiptología* es una actividad cultural de primerísimo orden en los distintos centros educativos y culturales, y por sus especiales características ha originado lo que se conoce por *egiptomanía*, dada la intensidad y la pasión con que se vive. Es tal la cantidad de expertos, especialistas, estudiosos y recursos de todo tipo que se destinan a ello que bien puede sostenerse que quizás el esfuerzo actual no es menor que el que en su momento dedicó el mismo pueblo egipcio para producir tales obras. Tampoco la valoración, el aprecio y la estima que en todo el mundo se atribuye a lo egipcio es menor que el de sus coetáneos. Por tanto, el arte egipcio no podemos decir que concluyó con la muerte de su última y célebre reina, sino que permanece entre nosotros totalmente presente, al menos en cuanto a su interpretación, contemplación y valoración.

La significación de la civilización egipcia, y por consiguiente de su arte, ha sido y es enorme, aunque lo es desde época relativamente reciente. Momentos trascendentales en ese sentido han sido el descifrado de la escritura jeroglífica por Jean François Champolion, en 1822 (como consecuencia del descubrimiento de la piedra de Rosetta) y el hallazgo de la tumba de Tutankamon, por Howard Carter en 1922. No obstante, el interés por los vestigios de esta fabulosa civilización no se agotan con estos dos fundamentales acontecimientos, sino que persiste una inacabada y febril búsqueda de restos arqueológicos.

Junto con ellos, una larguísima nómina de egiptólogos debe ser encabezada por Ippolito Rosellini, coetáneo de Champolion, amigo, colaborador y seguidor suyo, también prematuramente muerto, y que dejó un extraordinario legado fruto de la expedición franco-toscana a Egipto de 1828-29, auspiciada por el gran duque de la Toscana, Leopoldo II y el rey francés, Francisco X. Dicha expedición la emprendió Rosellini en compañía de Champolion, y culminó con la publicación por parte de aquél de *Monumenti dell'Egitto e della Nubia*, dando lugar al núcleo de lo que compone la colección egipcia del museo arqueológico de Florencia. En época anterior, otra célebre expedición fue la promovida por Napoleón, que tras una primera intención militar de poner freno a la expansión británica en esa zona, pretendía conocer y apropiarse de los misteriosos secretos de esa civilización. En efecto Napoleón se hizo acompañar de un nutrido séquito de investigadores y acometió una extraordinaria labor, que culminaría con el hallazgo de la piedra de Rosetta y con la publicación de la colosal obra de *Misterios de Egipto* por parte del autor francés

Devon. Otros grandes egiptólogos han sido Mariette, Petrie, Schiaparelli (el descubridor), Benzoni (conocido como el expoliador), etc.

A raíz de ello se ha incrementado sin duda un interés que ha arrastrado con un extraordinario magnetismo a científicos y estudiosos de todo el mundo. Los restos que continuamente han ido apareciendo, y aún continúan siendo descubiertos, hacen que esa atención no decaiga, y que mantenga un seguimiento que fue iniciado sobre todo por británicos y franceses, pero también por italianos, alemanes y americanos. Numerosos museos albergan fuera de Egipto buena parte de los restos egipcios, y ello es objeto de una amarga polémica con las autoridades egipcias, que reclaman sin desmayo lo que creen que les pertenece al British Museum, al Louvre, y en general a todos los recintos expositivos que albergan actualmente una gran cantidad de sus tesoros, como Berlín, Turín, Nueva York, etc.

Hasta tal punto ello es así, que la egiptología es una disciplina actualmente vigente en las facultades donde se imparten disciplinas humanas y tiene una sustantividad propia y una gran vitalidad, buscando aclarar los numerosos enigmas que aún perduran, y que se ven continuamente alentados por la aparición constante de gran cantidad de restos, que por las particulares condiciones geográficas donde se encontraban, el desierto, y por el modo en que los primitivos egipcios enterraban a sus muertos, suelen presentar un excelente estado de conservación, lo que posibilita sobremanera su rescate para la ciencia y para el deleite estético.

Ya desde el principio, lo egipcio había despertado mucho interés incluso en los que hicieron de Egipto una provincia de su imperio, los romanos, especialmente el emperador Adriano. En este sentido llama poderosamente la atención la pirámide de Cayo Cestio en Roma, que supone una perenne muestra de la atracción que los romanos sentían por esa civilización, hasta el punto de imitar sus monumentos funerarios. Además, incluso dioses egipcios como Isis fueron aceptados como tales por los romanos, siendo numerosos los Iseos o templos dedicados a esta divinidad en Italia, especialmente en el Sur. También han sido numerosos los obeliscos que comenzaron a ser trasladados fuera de Egipto, así en la propia ciudad de Roma y en otras ciudades europeas, son varios los que aún se conservan, dando muestra de la fascinación que esa cultura ha despertado, y que paradójicamente se agrandó cuando dejó de ser inteligible su escritura, lo que ocurrió a partir del siglo IV d. C.

En la Edad Media y en el Renacimiento volvió a ser centro de atención la cultura egipcia, posteriormente tuvieron lugar las grandes expediciones británica y napoleónica, y desde entonces otras muchas han colocado a Egipto en el centro de la civilización occidental de nuevo. Ese interés no ha decaído con el desvelado de muchos de sus entresijos, y de hecho el conocido como "séptimo arte", el cine, ha encontrado aquí un filón muy importante, siendo numerosas las películas con esa temática. Otro tanto cabe decir de la literatura, del mundo de la moda, o de la decoración (durante el siglo XIX gozó de una gran aceptación la tendencia a incorporar elementos ornamentales de este tipo), constituyendo para ellas una sugestiva y recurrente fuente de inspiración.

Hoy podemos decir que el arte egipcio, todo el conjunto de sus manifestaciones culturales y su civilización ya no son tan enigmáticas. Aunque muchos de sus aspectos permanecen en la incógnita, no obstante el hecho de haber descifrado su escritura, el hallazgo de una gran cantidad de templos y tumbas de sus antepasados, junto con la excelente conservación de esos restos arqueológicos, nos permiten disponer de extraordinarias fuentes informativas que nos acercan completamente a su vida cotidiana, a su historia, a su religión, a sus preocupaciones y ocupaciones, y nos ayudan a comprender mucho mejor esa civilización tan sugerente y atractiva, y sin duda mucho más próxima a nosotros de lo que hasta hace poco pensábamos.

Cambio y permanencia en lo social 22/1/2015

Como precursores de esta distinta valoración es obligado invocar a Heráclito y Parménides, que pasan por ser los primeros que de un modo absoluto defendieron los polos opuestos de esa dualidad, aunque con unas connotaciones históricas diferentes. Para Heráclito todo fluye (*panta rei*) explicado con el célebre ejemplo de que "nadie puede bañarse dos veces en el mismo río", y Parménides se refería de un modo radical a la "identidad del ser" y sostenía que "el ser es y el no ser no es". Lo que estos autores esbozaron en los albores de la civilización occidental, dentro de una disciplina por entonces omnicomprensiva como la "filosofía", puede aún ser recogido hoy y trasladado a otros ámbitos, como el de las disciplinas humanas, y reformulado en otras claves.

Resulta muy llamativo lo que podemos denominar *el dilema de lo permanente*. ¿Por qué después de 2000 o 3000 años encontramos tantos fenómenos sociales que mantienen una identidad sustancial e incluso accidental con otros de aquellas épocas? Pueden señalarse ejemplos como el derecho, la democracia, las artes y los cánones de belleza, la religión, etc. Hay aspectos superficiales y otros más profundos que no cambian, que se mantienen idénticos con el paso del tiempo. Las profecías y muchas de las ideas o paradigmas que parten de la concepción del cambio social no han sido validadas históricamente. Además todo lo variable, lo que cambia, es reconducible en términos de semejanza, de permanencia social. Las explicaciones usuales han llevado a una especialización cuyos resultados adolecen de una relativamente escasa mejoría del conocimiento social y que se apoya en una actuación aislada de las diferentes disciplinas sociales y humanas que disocian conocimientos naturalmente unificados, permanentes y conjuntos.

Cuando decimos que hay muchos elementos que se mantienen y que conservan un elevado nivel de identidad con sus homónimos del presente, queremos decir que su presencia es constante y fundamental para configurar nuestra sociedad. Nos referimos, por pura operatividad, a nuestros antecedentes culturales occidentales por tenerlos más próximos para su estudio, pero en la convicción de que también en otros pueblos más lejanos se da la misma situación. Es tal el número, el volumen, la intensidad de esa semejanza, que se hace difícil elegir alguno de esos elementos e individualizarlos, porque si indagamos, nos hallamos con ese hecho identitario en la mayoría de los fenómenos, incluso en aquellos que tengamos por más novedosos, por más específicos de nuestro tiempo. Así la cultura, el comercio, la ciencia, la organización política y social, las motivaciones personales y de grupo, los conflictos sociales e individuales, el ocio, la religión, el trabajo, las relaciones de producción, etc., tienen no sólo unos precedentes históricos anecdóticos en el pasado, como suele decirse al comenzar a tratar cualquier tema de contenido actual, sino que eso va mucho más allá, y presenta unas notas de semejanza casi absoluta si somos capaces de apartar las externas características del fenómeno inherentes al paso del tiempo, pero que no deben alterar nuestro afán de conocimiento del hombre y de la sociedad. Al tratar algunos de esos aspectos sociales en el presente trabajo entraremos en un estudio más pormenorizado.

Si hoy los ciudadanos participan en la vida pública por medio de las instituciones democráticas y rechazan otros sistemas posibles como los totalitarios, están siguiendo el mismo camino ya recorrido por nuestros antepasados en Grecia, Roma, en la Modernidad, etc. Además, sistemas como el feudal o las Monarquías absolutas han supuesto hitos significativos en nuestro desarrollo político actual, y entre todos ellos hay una mayor identidad de la que a veces se supone, ya que más allá de sus diferencias formales se dan grandes semejanzas. En este punto hay que resaltar lo que podemos llamar *la imperfección de los modelos teóricos puros*, lo que supone que no por mucho tiempo un fenómeno social es capaz de mantenerse pegado a su modelo teórico, sino que experimenta un fuerte grado de inclinación hacia una "normalidad", que hace que a la larga todos los de una similar categoría se parezcan, se "degraden", se encaucen por su vía "natural", en cuanto fenómenos humanos que son.

Así si analizamos las "grandes diferencias" entre democracia y tiranía atenienses, por poner ejemplos extremos, sin duda encontramos aspectos que nos ayudarán a matizar el grado de disparidad que damos por absolutamente establecido. Vemos cómo en democracia las decisiones de la mayoría están dirigidas por unos pocos o cómo en las tiranías clásicas el tirano no era el responsable único de la toma de decisiones, ni imponía exclusivamente por la fuerza a sus súbditos sus decisiones, sino que a veces encauzaba o lideraba un sentimiento popular, generalmente de tipo nacionalista. Se observan grandes semejanzas entre el espíritu que animó a los atenienses a inmolarse en el paso de las Termópilas, a los camicaces nipones a defender su país en la segunda guerra mundial, o a los españoles durante la guerra de la Independencia a hacer lo propio respecto a la agresión napoleónica o durante la Reconquista ante la invasión árabe.

199

También hay que tener muy presente que en las democracias actuales y en las del pasado se dan muchas circunstancias y fenómenos que desnaturalizan el planteamiento teórico que les sirve de base, apareciendo las múltiples corruptelas que se dan en cualquier organización y que surgen inevitablemente en la vida social, de modo que la voluntad de la mayoría se encuentra muy mediatizada.

Al aproximarnos a una parcela de la realidad social, según la propuesta metodológica que formulamos, hemos de partir de que una buena parte de la misma mantiene una semejanza a través del tiempo, mientras que otra ve alteradas sus manifestaciones externas. Podemos operar, para entendernos, con la concepción de un importante contenido de la sociedad, invariable, inmutable en buena medida, y con otros aspectos que presentan diferencias temporales, accidentales. Ahondando en el caso de los sistemas de gobierno de las comunidades complejas, nos encontramos con un sustrato en parte inalterado: el empleo de un mecanismo o instrumento (las propias instituciones democráticas, la tiranía, o la aristocracia, etc.) que asume la dirección de la vida social, el gobierno de la comunidad, más o menos al margen de la voluntad de cada individuo, y que impone sus decisiones. Las notas de ese instrumento de gobierno son diversas en lo formal, temporal y espacialmente consideradas, y dichos instrumentos atraviesan fases más o menos largas de conformidad y sumisión, pero ninguno es eterno ni perfecto, y en todos ellos se da la contestación y son reversibles.

Por ejemplo, en la historia de la Grecia clásica se han producido cambios en las formas de gobierno de las comunidades y de los grupos sociales, pasando del control formal de las mayorías, representadas por la democracia, al de un tirano, legitimado por razones de sangre o por una designación superior. En cualquiera caso, el hombre ha ido experimentando las diferentes opciones que para esa cuestión ha sido capaz de alumbrar. Es necesario tener en cuenta las circunstancias históricas de tipo cultural, espiritual, religioso o económico de cada momento. En principio parecen muy alejados los sistemas democráticos, tanto de hoy como de aquél periodo, con respecto a otros en que una o muy pocas voluntades decidían los destinos y las formas de vida de la mayoría de ciudadanos, pero hay circunstancias que permiten matizar esa "absoluta oposición", y así es preciso tener en cuenta que nunca se ha dado, ni se dará, de modo puro una forma democrática de gobierno que excluya las corruptelas y las irregularidades. Es decir, la perfección en una determinada forma de gobierno nunca ha existido, ni ha existido un gobierno en el que las decisiones las tome la suma de los ciudadanos de un modo completamente incondicionado. Por otra parte tampoco puede permanecer mucho tiempo una tiranía tal que haya prescindido absolutamente de apoyo popular y que se base en una opresión absoluta, sin contrapartida alguna para sus súbditos, una vez conocidos por éstos otros sistemas más satisfactorios para sus intereses. Es posible imponer despóticamente una decisión personal a una buena parte de la población contra sus intereses personales, pero sin concesiones esa situación no puede permanecer para siempre. En las democracias actuales hay grupos de poder, oligarquías económicas, que mantienen unas posiciones privilegiadas durante mucho tiempo, al margen del propio poder político, y que se asimilan a ciertas tiranías. Queremos destacar que en la práctica hay menos diferencias de las que habitualmente se sostienen, prescindiendo de los aspectos formales, entre los diferentes sistemas de gobierno posibles, todos ellos comparten ciertos elementos, y el hombre ha ido cambiando de unos a otros sobre la base de unos mecanismos de acierto y error, de hastío y satisfacción, en la medida en que las circunstancias históricas se lo han permitido, y así seguirá haciéndolo en el futuro.

Por otra parte, si consideramos el fenómeno religioso, en toda la pluralidad de sus manifestaciones, es posible identificar una amplia comunidad de rasgos de similares contornos, entre los que podemos señalar el hecho de invocar y contar con instancias ajenas a las fuerzas conocidas de la naturaleza, para mejorar circunstancias adversas o problemas irresolubles. El recurso religioso es universal, y pese al fenómeno de la "secularización" que actualmente se señala respecto de Occidente, probablemente seguirá siéndolo indefinidamente.

Por ello, el contenido de las disciplinas humanas debe hacer más hincapié en los aspectos inmutables del comportamiento humano, y tratar de alcanzar una aproximación más fiable de sus verdaderos contornos, y no debe confundir el accidente con la esencia. La manifestación de un fenómeno no puede ser tomada como un auténtico cambio de una institución o hecho social, cuando solo es una apariencia diferente de ese mismo hecho sustancial. Con el proceder actual en la investigación social nos alejamos claramente de las posibilidades de éxito en nuestro propósito de descripción de la naturaleza de una determinada realidad social. Hemos de tener en todo momento presentes las notas de esencia y accidente de los hechos, fenómenos o instituciones sociales, para poder ofrecer un veredicto fiable del estado de la cuestión; las conclusiones que no se basen en ello no podrán ayudarnos a desentrañar esa realidad. Si para caracterizar la sociedad de un momento determinado nos apoyamos en los aspectos concretos de unos hechos particulares, para construir sobre esa base una generalización absoluta, podremos obtener un resultado muy "actual", muy evidente, pero seguramente será poco interesante desde una consideración pretendidamente "científica"; su validez y vigencia se encontrarán completamente al albur de otras manifestaciones contrarias, diferentes, que seguramente se presentarán, y sobre las que se levantará de nuevo otro edificio teórico de idéntica factura y debilidad.

No se trata de brindar unas generalizaciones indefinidas que ofrezcan poca información y datos que no puedan ser controvertidos. Hay que identificar el conjunto de notas que siempre se dan en la vida social y que son suficientes para conformar un "corpus teóricus" que constituya la espina dorsal de todas las disciplinas que desde distintos ángulos se acercan al estudio del hombre y de su vida, individualmente o en grupo. Si partimos de ese procedimiento, será más eficaz la labor siempre difícil de acotar este problemático objeto de estudio, tendremos una base más sólida para trabajar, y no nos veremos abocados a los malabarismos de las "ciencias sociales actuales" que viven permanentemente en la incertidumbre, yendo de un lado a otro, al dictado de cualquier acontecimiento que da al traste estrepitosamente con la infinidad de teorías que se construyen de ese modo tan provisional sobre el "cambio social". Creemos que es un procedimiento más efectivo para observar los fenómenos sociales, para poder experimentarlos y comparar resultados. Esta postura es defendible hoy sobradamente porque los instrumentos usuales han demostrado su relativa utilidad, más cercana en algunos casos a la pura especulación teórica o a un tipo de literatura creativa que a la pretendida ciencia social. Entendemos que la propuesta que se postula aquí tiene, al menos, el interés de contribuir a la fundamentación del estudio de la sociedad y alejarnos de las numerosas particular-teorías que surgen en torno a cualquier nueva manifestación social.

Las tic (IV): Globalización, 1ª parte. 4/2/2015

Con el término "globalización" se hace referencia hoy a la situación general de la sociedad, en la que predominan las relaciones, las comunicaciones y los intercambios con una dimensión de totalidad. El mundo en su conjunto es el escenario en el que tienen lugar todos estos hechos, y ello es posible gracias al grado de desarrollo alcanzado principalmente en materia tecnológica, que permite la instantaneidad, la quiebra de muchas barreras físicas y la materialización de todos esos flujos relacionales. Nos encontramos, pues, ante un hecho general de la sociedad, una referencia a su estado, a su naturaleza en estos momentos.

De acuerdo con la disposición de ciencias o disciplinas humanas existentes actualmente, en situación de operatividad, la más adecuada para el estudio de este fenómeno es la sociología, en cualquiera de sus variantes más o menos admisibles, ya sea con técnicas marxistas, funcionalistas, o mediante el despliegue de procedimientos más fenoménicos, y ya nos refiramos a la estructura o a la acción. En cualquier caso, parece no ofrecer dudas que ha de ser la sociología la ciencia o disciplina que ha de encargarse de abordar estas cuestiones, y el procedimiento que esta disciplina sigue consiste en ver qué ocurre en la actualidad, qué novedades se están produciendo comparándolas con nuestro más inmediato pasado, observar cómo cambia el comportamiento de las gentes, constatar cómo los antiguos modos se diluyen instantáneamente, atestiguar con infinidad de datos la velocidad, la magnitud, la carrera imparable de la generalización de estos fenómenos, y también dar cuenta de la perplejidad acerca de un futuro en el que la incertidumbre es la nota más evidente, y respecto al cual solo unos pocos estudios se atreven a aventurar, sin ningún apoyo científico consistente, alguna teoría que más pronto que tarde suele ser relegada por el curso de los acontecimientos.

Elemento fundamental.- Se suele decir que las "tic" constituyen un elemento fundamental en el fenómeno de la globalización, en la configuración de un hábitat a nivel planetario en el que las relaciones, la comunicación y la información fluyen y se desarrollan de una manera mucho más viva que anteriormente. Evidentemente ello es así, y si la economía, las relaciones humanas y la sociedad se encuentran en esta situación es debido en una gran parte al efecto directo e inmediato de su puesta en acción y de cuanto con ellas tiene que ver. Si el mercado mundial funciona en un nivel absoluto, rompiendo las dificultades físicas de comunicación y de operación existentes anteriormente, se debe a la tecnología de Internet. Si es posible efectuar una compraventa de modo instantáneo en cualquier lugar, es porque existe un mecanismo técnico que permite efectuar de ese modo tales operaciones de una manera sencilla, rápida, eficaz y satisfactoria, hasta el punto que la población se está incorporando con prontitud a la práctica de estos procedimientos. Si en escasos segundos podemos enviar un texto o una información a las antípodas es gracias a que disponemos de los medios precisos para ello, las tic. Si, por ejemplo, hay armas capaces de impactar a miles de kilómetros en el lugar previamente fijado, con una precisión casi absoluta, ello también es consecuencia de la disposición de las tecnologías adecuadas.

Culminación de procesos previos.- Sin embargo esas nuevas tecnologías no se han desarrollado "ex novo", representan la culminación de una amplia gama de procesos de investigación y aglutinan un enorme bagaje de experiencias y hallazgos científicos anteriores. La invención de la escritura, el uso de los papiros y de los pergaminos o la imprenta son pasos necesarios que ha ido dando la humanidad hasta desarrollar, por ejemplo, los modernos procesadores de textos. Otro tanto cabe decir de la electricidad, el telégrafo, el teléfono, o la televisión, hasta llegar a los ordenadores, a Internet, a la telefonía móvil, etc. Respecto al tema que nos ocupa, el de las tic como elemento determinante del actual proceso de globalización, es preciso reconocer su deuda con las tecnologías y experiencia científica y técnica acumulada previamente, y además es preciso tener en cuenta que otras tecnologías anteriores, como algunas de las ya citadas, por ejemplo la escritura, la imprenta, la electricidad, el teléfono, el telégrafo, la televisión, o medios de transporte como el automóvil, el barco, el avión, continúan siendo un vehículo fundamental para el actual proceso de mundialización, en el que las tic adquieren hoy quizás el protagonismo más evidente, pero sin olvidar que es asimismo posibilitado por otras tecnologías más veteranas, pero no por eso menos importantes. Pensemos de qué serviría efectuar la compra por Internet de un objeto en la otra parte del globo, si ello no fuese acompañado de la posibilidad de disponer física y materialmente de él en un tiempo razonable, gracias a la intervención de los medios habituales de transporte.

Mirar al pasado.- Ante la insatisfacción por el actual procedimiento seguido por las ciencias humanas en la investigación social, nos aventuramos a dirigir nuestra mirada hacia el pasado, hacia la historia, con la esperanza de encontrar así algún camino, alguna luz que ilumine la oscuridad que envuelve el actual proceso científico en torno a una realidad que cada día se nos torna más inescrutable. Pero ¿cuál es el propósito de esta vuelta atrás?, porque ya en numerosas y desafortunadas ocasiones se ha pretendido semejante proceder, y a lo más que se ha llegado ha sido a las desacreditadas teorías de los ciclos, de los "corsi e ricorsi", y similares, habiendo de ser desechados esos modos por inoperantes y totalmente desacertados. Otras veces se ha pretendido bucear en esos marasmos históricos en busca de unas leyes universales que no se han sostenido por mucho tiempo. Aquí simplemente pretendemos ilustrar con hechos de semejante naturaleza, para tratar de ver en qué medida esa información puede ayudar en estos momentos de falta de claridad. Queremos analizar esos hechos, esas similitudes, para rastrear pistas o claves orientativas. ¿Por qué sacamos tan poco rendimiento al pasado del hombre, por qué nuestras disciplinas humanas cuentan tan poco con los resultados de otras disciplinas que tan valiosas podrían ser?. Nuestro propósito es reconsiderar, retomar esas cuestiones, y reconducir esa escasa aportación interdisciplinar, creemos que vale la pena intentarlo y dedicarle los esfuerzos que sean precisos, a eso vamos y ese es nuestro empeño.

Épocas globalizantes.- No se puede mantener que la globalización sea un fenómeno único y nuevo completamente en la historia. Hay numerosos argumentos que avalan una tesis contraria, entre ellos vamos a referirnos a algunos a continuación. En Roma, una única lengua, el latín, uniformaba los modos de expresión de todos los ciudadanos sometidos al poder romano, así de él derivan numerosas lenguas actualmente, aparte de la influencia indirecta que ha dejado en otras muchas. (Por cierto, que lo que esto tenía de ventajoso, por cuanto permitía una comunicación mucho más fluida entre los individuos de todo ese vasto territorio, desde una exagerada visión nacionalista hoy podría ser visto como una pérdida de las señas de identidad de muchos pueblos y poderes locales, que fueron privados de una de las más arraigadas, su lengua vernácula, aunque a pocos se les ha ocurrido plantearlo históricamente de esa manera). No sólo ese elemento contribuyó decisivamente a homogeneizar los modos de conducta de los individuos, sino que hubo otros como el Derecho, que vino a permitir una organización política y social de un nivel muy superior al imperante hasta entonces, y que aún hoy constituye la columna vertebral del Derecho civil de buena parte de los ordenamientos jurídicos de todo el mundo, dando muestra de su alto nivel de elaboración. Además, hemos de referirnos también al efecto que el espíritu práctico de los romanos ha dejado en los habitantes de su vasto imperio. La extensa red de vías, acueductos, puertos y minas, las viviendas en altura, las termas, los teatros, los circos y los anfiteatros, etc., configuraron un depurado sistema conforme al cual se desarrolló la vida de los ciudadanos de aquella época, dando lugar a modos de conducta, a comportamientos muy uniformados, al estilo romano, y que imprimieron al extenso ámbito de la vida del continente europeo y norte de África una alta dosis de homogeneidad, de identidad, de globalización podríamos decir hoy. También cabe referirse a hitos globalizantes, aunque en diferentes circunstancias, en el caso de Egipto, Grecia, China, India, Mesopotamia, Japón, o en el de imperios más recientes como el español, el portugués, el inglés, el francés, etc. Asimismo ha habido épocas históricas como la Edad Media, en que la vida de los ciudadanos ha presentado una gran similitud, unas pautas muy parejas de comportamientos en lugares muy alejados, marcados por unas normas genéricas, basadas en un mismo patrón.

La religión (IV): La antropología y la historia 12/2/2015

La antropología

El antropólogo debe informar de la existencia de notas religiosas en las civilizaciones y pueblos objeto de su estudio, de modo que podamos constatar si las características del fenómeno que actualmente percibimos se dan igualmente en otras culturas diferentes: así el miedo como factor desencadenante; el carácter explicativo respecto al pasado, al presente y al futuro; el papel de los sacerdotes, chamanes, brujos o magos; el valor curativo y el alcance de la mejoría que supone para la vida de los creyentes; la situación de sus ritos, y las consecuencias para las víctimas y daños colaterales de una determinada religión; el politeísmo y el monoteísmo, etc.

Además habrá de ilustrarnos sobre aquellos otros hechos de naturaleza similar, como las supersticiones, los juegos de azar, la brujería, la adivinación y los conflictos debidos a esos motivos. No sólo habrá de referirse a culturas diferentes a la nuestra en el pasado, sino que también a todas aquéllas coetáneas con nuestra civilización y que se mantienen al margen de los estudios habituales de la sociología. También resultan de interés las manifestaciones de este fenómeno en el ámbito rural o cualquier otro que, aún formando parte de nuestra cultura global, no es objeto de atención en los estudios actuales.

El papel de los antropólogos debe ser el de mostrar una visión lo más amplia posible en el espacio y en el tiempo, sus aportaciones serán fundamentales para determinar, en su caso, rasgos generales y universales dentro de ese y otros fenómenos humanos. Su contribución ha de ser valorada como de primer orden, por cuanto esta disciplina tiene un campo enorme de cometidos, aunque se encuentre con la limitación de la pérdida o escasez de fuentes, que se van reduciendo y menoscabando como consecuencia del efecto triturador de la cultura occidental dominante.

Por otra parte ofrece la posibilidad de constatar la existencia de culturas que se han mantenido al margen de la influencia de las occidentales y asiáticas, puesto que hay casos en que el aislamiento ha sido absoluto, de modo que los datos que podamos extraer de esa situación tendrán un extraordinario valor, ya que si observamos las mismas notas entre culturas carentes de influencia entre sí, podemos concluir sobre su universalidad. En este sentido, especialmente relevantes son los casos de las culturas americanas anteriores a la llegada de los europeos, lo que desde el punto de vista antropológico se conoce como "segunda Tierra", puesto que lo que haya ocurrido en esos supuestos será determinante para encontrar regularidades y elaborar teorías en torno a éste y otros muchos fenómenos sociales.

La historia

El historiador deberá contribuir a este estudio interdisciplinar y holístico mediante aportaciones diacrónicas de los fenómenos sociales. Resulta insustituible el conocimiento de cuál ha sido el recorrido temporal de esos determinados fenómenos. Debe informar de cómo las explicaciones politeístas fueron abandonadas en el Imperio romano para dejar paso al Dios de los cristianos. Cómo las deidades griegas fueron asumidas por los romanos, o el Dios cristiano fue incorporado finalmente por los pueblos invasores que hicieron sucumbir al Imperio romano. Cómo la religión cristiana alcanzó su papel hegemónico en Occidente, pasando de víctima a castigo de herejes. O sobre otras muchas cuestiones como la historia de las escisiones cristianas, la aparición del islam y sus contiendas inacabadas con el cristianismo o con el judaísmo. Asimismo interesa enormemente el tronco común de las grandes religiones monoteístas de Occidente (el judaísmo), las guerras religiosas en Europa y en el mundo, la historia de las religiones asiáticas (el hinduismo, el budismo y el confucianismo), la historia de la aparición y del desarrollo de las religiones, la evolución de sus estructuras, sus credos y sus dogmas, las jerarquías eclesiásticas y su papel en las iglesias cristianas, la historia de la "secularización" de la sociedad actual, la incorporación de ideas religiosas al "credo" político dominante de Occidente o el ascenso y retroceso del integrismo religioso en la historia de la humanidad. Todas éstas son sólo una pequeña parte de las cuestiones que la historia puede iluminar con sus estudios, de modo que de ahí extraeremos ineludibles datos relativos a cómo es ahora, cómo se ha formado, cuál ha sido el resultado y las causas de un fenómeno tan transversal, tan horizontal y tan permanente y universal como el religioso. Si prescindimos del sentimiento antirreligioso y de los excesos y abusos cometidos en nombre de la religión, difícilmente podremos comprender fenómenos como el del marxismo y su éxito entre la población europea de los siglos XIX y XX. Sin una valoración detallada de la historia del fenómeno religioso difícil nos resultará comprender el estado del pensamiento dominante hoy en Occidente respecto al mismo o al mundo islámico. En una sociedad como la occidental, tan comunicada y en la que las raíces históricas han jugado un papel tan importante, la tradición se muestra decisiva a la hora de configurar un fenómeno como el religioso, tan duradero.

Así pues, los conocimientos históricos hacen posible dimensionar el fenómeno en el tiempo, lo que nos permite conocer que nos encontramos ante hechos que se incardinan en unos procesos mentales que siempre han existido. Además, con la ayuda de esta disciplina, comprobamos cómo las notas del presente se dan en muy buena medida en otras épocas, y ello nos hace comprender el grado de semejanza entre manifestaciones de la conducta y del pensamiento humano en períodos muy dispares. Sin esta fundamental colaboración, los resultados de la investigación nos llevan a una sorpresa tras otra, podemos pensar que cualquier cambio, mutación o fenómeno extraño es único, que es la primera vez que se plantea, y que ante nosotros se presentan hechos singulares, que a buen seguro son presagios de nuevas eras, de ignorados cambios de rumbo de la sociedad. En cambio, si traemos a colación el conjunto de hechos que en el transcurso del tiempo el hombre y la sociedad han vivido, inmediatamente podremos subsumir en categorías más amplias, más comprensivas, más habituales, los hechos que "prima facie" se nos antojan singulares.

Por lo que a la religión concierne, la historia de la humanidad está repleta de acontecimientos en los que aquélla ha sido la protagonista principal, es más, puede decirse que en la inmensa mayoría de los hechos más destacados, las motivaciones religiosas han estado permanentemente presentes. Sería muy prolijo destacar algunos de ellos, podemos limitarnos a citar, por su actualidad, los tremendos enfrentamientos entre el islam y el cristianismo que han bañado de sangre casi toda la Edad Media, o las guerras que por motivos religiosos han asolado una buena parte de Europa, o la presencia del hecho religioso en la conquista de Nuevo Mundo; pero no se trata sólo de destacar la importancia de la religión en los acontecimientos más significativos, sino que en la vida cotidiana de la sociedad, la presencia de la experiencia religiosa ha sido una constante diaria, habitual, e inevitable en todos los tiempos. Basta acercarse a la historia de las llamadas civilizaciones antiguas: Mesopotamia, China, Egipto, Grecia, Roma, etc. para percibir la importancia de este hecho, su omnipresencia, su relevancia social e individual de manera absolutamente continuada. Y ello ha sido así desde siempre, no hay período histórico en que este hecho haya estado ausente; aunque sus manifestaciones concretas hayan diferido, entre todas ellas es posible encontrar un sustrato, una base similar, que hace que, pese a la pluralidad de sus notas, sea tan fácil identificar el hecho religioso. Tenemos pues, una absoluta presencia histórica del fenómeno, y además una sustancial identidad en buena parte de sus múltiples manifestaciones. A estas conclusiones nos permite llegar únicamente la ayuda de los conocimientos históricos.

Todos los aspectos y elementos que componen el hecho religioso tienen unas profundas raíces en el pasado, hasta el punto que solo desde ellas pueden ser comprendidas de modo adecuado sus dimensiones. Profundizar en esos orígenes y su trayectoria posterior es uno de los cometidos importantes que es necesario afrontar para la elaboración del marco y sustrato de dicho fenómeno. Además, la conformación de las doctrinas religiosas y la decantación de los comportamientos y conductas que giran en torno a ellas son fruto de procesos largos, continuados, que arrancan de la necesidad humana de encontrar respuestas válidas para la curiosidad que desde siempre ha constituido la esencia de su naturaleza, resultando extremadamente dificultosa la determinación de en qué medida ello forma parte de su dimensión individual o social. En cualquier caso los interrogantes que el hombre se ha formulado en todo tiempo son cumplidamente resueltos por las soluciones que se le ofrecen desde las diferentes religiones, puesto que todas ellas, presentes y pasadas, vienen a colmar suficientemente esas inquietudes. La historia y la antropología contemplan numerosos casos de divinidades, de sucesión temporal de credos religiosos que han ido desapareciendo y surgiendo, y todos ellos han cumplido perfectamente su papel. Nunca se ha producido un vacío, un período en que haya faltado el referente religioso, es más, en los casos de declive de un determinado credo, ello se ha debido a la eclosión de otro más pujante, más satisfactorio, o más acorde con el nivel de conocimientos y de pensamientos operantes en una época determinada, hasta el punto que ha habido pueblos vencedores o invasores que han adoptado las creencias religiosas de los pueblos vencidos cuando éstas han resultado más cautivadoras o seductoras, lo que ha ocurrido por ejemplo con los romanos respecto a las deidades griegas, o los pueblos bárbaros respecto del cristianismo.

Actualmente nos encontramos en un momento histórico en el que no se atisba el fin de ninguna de las grandes religiones monoteístas de Occidente, por cuanto el grado de desarrollo del conocimiento no está en condiciones de ofrecer alternativas válidas a los planteamientos religiosos, pese a que las aportaciones cosmogónicas de las religiones hayan sufrido

215

algún alcance considerable a manos del progreso científico. Pero el resto del corpus religioso se muestra más que suficiente para sostener una fe que descansa en otros muchos planteamientos.

La vigencia del fenómeno religioso en la época presente encuentra una pluralidad de manifestaciones, y no necesariamente todas ellas han de tener un contenido y una exteriorización directamente relacionada con una determinada religión. Así pues, se constata una presencia clara del fenómeno religioso en comportamientos del tipo supersticioso, mágico o de azar. Proliferan muchas creencias en el mundo de la astrología o de la adivinación, de la brujería, etc. que no son en absoluto excluyentes de las que podemos tomar por más propiamente ortodoxas y acordes con un planteamiento de alguna iglesia oficial, así es muy frecuente que personas perfectamente creyentes y practicantes de alguna religión tengan al mismo tiempo una clara afición a juegos de azar, o sean asiduos de adivinos u horóscopos. Son éstas conductas totalmente compatibles y conviven armoniosamente unas con otras. De similar planteamiento participan otras conductas próximas a las de tipo religioso, como el apego a una determinada nacionalidad, color deportivo, tipo de música o moda social, que muestran aspectos colindantes con los del hecho religioso, y a veces conviven simultáneamente en los mismos sujetos.

Regularidades derivadas de la naturaleza humana
20/2/2015

Hay muchos fenómenos que siempre se dan, el hecho de que la sociedad esté integrada por hombres, por individuos de esta especie biológica, hace que su comportamiento grupal aparezca determinado por una serie de conductas semejantes, con independencia del tiempo y del lugar que estudiemos.

No se trata de que encontremos una regularidad absoluta, total, entre diferentes actos, eso es imposible; sino que se produce una repetición de pautas, manifestaciones similares, que nos permiten hablar de una gran semejanza de acciones humanas, aunque en todas ellas haya particularidades propias de cada caso. No se trata de leyes universales, con una exactitud absoluta, puesto que en el ámbito de lo humano, de las disciplinas humanas, no cabe esa posibilidad, sino que hay una buena parte de conductas regulares, en las que se da un alto grado de semejanza, que nos permitirá mejorar el nivel de conocimiento de lo humano y de lo social.

Únicamente con una finalidad ilustrativa citamos algunos pocos casos que pueden ayudarnos a comprender el alcance, no exento de dificultades, de cuanto se acaba de decir, y que constituye uno de los pilares de la propuesta disciplinar que se formula. Acogemos la teoría de V. Pareto sobre la rotación de las elites y le otorgamos plena eficacia en la vida social, entendemos que en tanto no sea sólidamente rebatida, deber ser admitida, a falta de otra mejor. Nos servirá para ilustrar esa parte concreta del funcionamiento de la sociedad que tiene que ver con el ejercicio directo del poder y la adopción del mando de las organizaciones complejas. Otra aportación importante, en este caso de R. Merton, es la que consiste en destacar la importancia que el grupo de referencia tiene para el comportamiento y el modo de pensar de un individuo. El hecho de nacer o vivir en un ámbito determinado, hace que el sujeto refiera a ese hábitat concreto, al más próximo a su experiencia vital, los términos de su vida y encuentre en el mismo los parámetros de comparación que continuamente se aplica a sí mismo, de modo que se siente más o menos dichoso en función del resultado de esa comparación. Este hecho, como hemos dicho constatado por R. Merton, es otro de los casos que entendemos susceptible de integrar un cuerpo de doctrina generalmente admitida sobre lo social y la vida del hombre, en tanto no aparezcan objeciones que se opongan con fundamento a su actual vigencia. Alejados de este supuesto, pero participando del mismo planteamiento general, aludimos ahora a la existencia del capitalismo, no queremos decir que se postule una universal existencia de este fenómeno de dimensión principalmente económica, y que los especialistas datan en un momento y un lugar ciertamente concretos, sino que lo analizamos desde una perspectiva más relacionada con el sujeto que participa activa o pasivamente de él, y en ese sentido encontramos unas referencias al mismo de una duración mucho mayor a la que desde una visión global, macroeconómica, se le adjudica. Es un procedimiento que tiene más que ver con el egoísmo humano, con su natural tendencia a obtener para sí el mayor beneficio posible, y en cuanto tal presenta una duración mucho mayor que la que le atribuye la concepción que se centra más en la acumulación de capital con el propósito de obtener una mayor rentabilidad y que le lleva a apropiarse de los medios de producción, disponiendo del instrumento preciso para perpetuar su poderío económico. Lo que los economistas ubican en una época y en un lugar relativamente reciente de nuestra sociedad occidental, nosotros lo entendemos con carácter general del comportamiento humano y social del hombre, y por tanto encontramos huellas de dicha conducta en cualquier época y lugar, y por tanto sería otro factor a tener en cuenta en el conjunto de conocimientos sobre los que tratamos de edificar nuestra disciplina.

Se trata simplemente de algunos pocos casos paradigmáticos, junto a otros muchos, que consideramos constitutivos de un comportamiento humano siempre presente, y que necesariamente se encuentran en la base de toda explicación sobre la naturaleza y funcionamiento de la sociedad.

Relativismo y cambio social   18/3/2015

Por *relativismo* puede entenderse el tipo de opiniones que se caracterizan por ofrecer visiones limitadas de la realidad, y por prescindir de soluciones definitivas sobre el modo de interpretar los hechos y acontecimientos humanos y sociales. En la práctica suponen una reacción frente al fracaso de teorías anteriores, cuyas previsiones no se han cumplido o se han visto frustradas por una realidad tozuda, que no se ha avenido a sus pronósticos. Esto es lo que ha ocurrido con teorías y paradigmas teóricos en el ámbito de las ciencias humanas y sociales. Uno de los más significados ha sido, como hemos señalado anteriormente, el marxista, que partía de la base de una serie de conductas que el hombre y la sociedad habrían de seguir, de acuerdo con una serie de reglas y presupuestos señalados por la propia teoría, y que necesariamente habrían de ocurrir.

La realidad de los hechos ha establecido otras circunstancias y las previsiones no han tenido lugar, se ha producido una pérdida de confianza en la capacidad explicativa de tales teorías, que habían despertado enormes expectativas y habían ocasionado grandes transformaciones sociales en todo el mundo contando con la certidumbre de sus suposiciones. El hombre una vez más ha tenido que despertar del sueño dogmático, y en este sentido "el pensamiento débil", en cualquiera de sus variadas manifestaciones, ya sea el que se denomina estrictamente así, "il pensiero debole", o el que se acoge bajo el manto amplio de "la hermenéutica", viene en la práctica a reconocer de nuevo en la historia de la humanidad la multiplicidad, la legitimidad de la pluriexplicación causal, de la variedad, de la incertidumbre, de que hay muchos matices en la realidad, y que las soluciones únicas cuando el hombre y lo social está por medio son bastante improbables.

En este sentido, autores como Vattimo o Gadamer, suponen un nuevo hito en la historia reciente de las ideas, de las ciencias humanas, y se inclinan por consideraciones plurales de los hechos, por prescindir de esas soluciones absolutas, generales y únicas que acompañaban anteriores teorías que han perdido parte de su vigencia. No cabe hablar solamente del marxismo como teoría con pretensiones explicativas generales, otros muchos autores han intentado alcanzar respuestas universalmente válidas para todo lo humano y social, han invocado la supuesta existencia de unas reglas siempre aplicables y observadas por la conducta humana. Así, tanto en el terreno de la historia, como en el de la psicología, de la sociología, o de la economía, la ética o la filosofía, han aparecido opiniones que han recogido ese criterio. Kant, Hegel, o Nietzsche han supuesto claros ejemplos de ese modo de enfocar los problemas y las soluciones humanas. La generalidad ha sido su mayor pretensión, y la situación de la ciencia natural no ha permanecido al margen de ello, sino que ha operado como un acicate para tratar de buscar unos cauces parecidos a los que alentaban los éxitos en esas disciplinas de la naturaleza. Por tanto la búsqueda de leyes ha impregnado el trabajo en estas disciplinas que han tenido que ver con el hombre y lo social. Sin embargo los resultados, podemos decir ahora, no han acompañado tales propósitos, y la realidad se ha encargado de señalar el fracaso de estos intentos, de modo que el futuro y la realidad humana no encuentra valiosos apoyos en estas teorías, que sistemáticamente se han visto desbordadas por los acontecimientos. Ante este panorama en el campo de las disciplinas humanas, a las que se les retira el

221

calificativo de ciencias cada vez con mayor contundencia, éstas se ven abocadas, en un intento de justificar su existencia, a buscar otros métodos, de forma que mantengan algo de su valor explicativo, de su capacidad para arrojar luz sobre los acontecimientos en los que el hombre es protagonista.

Descartado el camino de la verdad absoluta, de la predicción exacta, de los resultados concretos, ahora algunos autores tratan de emprender otras rutas, de rebajar el alcance de los logros que las disciplinas pueden aportar, sin hacerlas caer completamente en la vanalidad, en la nada. Para ello tratan de recuperar el valor de lo sencillo, de la pequeña teoría, de la humildad en la tarea del enfoque humano. A esto es a lo que autores como Vattimo aluden al hacer referencia al "pensamiento débil", que no quiere decir tampoco que carezca de importancia, que sea inválido, inservible para el propósito explicativo, sino que se aleja de las anteriores pretensiones de grandeza, de exclusividad. En otro sentido, pero con parecidos resultados, Gadamer señalaba que casi todo lo que leía le resultaba aceptable, y haciendo uso del método de los primitivos exegetas bíblicos, de los que la hermenéutica deriva su denominación actual, trata de estudiar y analizar las diferentes teorías existentes y de encontrar en ellas analogías y parecidos.

La falta de claridad es uno de los principales problemas con los que ha de enfrentarse este tipo de pensamiento. Inevitablemente se produce una situación en que, ante la ausencia de las grandes soluciones que propugnaban las posturas dogmáticas, ahora se contrapone una acumulación de teorías parciales, limitadas, y lo peor de todo, mutuamente antitéticas, con lo que se da una gran anulación de esfuerzos, puesto que inevitablemente siempre a una teoría cabe oponer otra u otras, que la contradicen e invalidan. Si falta un criterio, por mínimo que sea, que se decante por alguna de ellas, nos encontramos indudablemente con una situación de caos, de inoperancia, ya que lo único que sucede es una proliferación de posturas teóricas que poco o nada vienen a añadir al conocimiento sobre lo humano y lo social, que es el objetivo que todo esfuerzo intelectual ha de pretender en este marco. Cierto que se supera el dogmatismo, que con esta solución no cabe imponer unos criterios absolutos sobre el entendimiento de determinados hechos o fenómenos sociales. Con ello se produce la desaparición del monopolio explicativo anterior, que ha originado numeras consecuencias en la vida humana, de todo tipo, tanto positivas como negativas, que no es conveniente obviar. Ahora se promueve una dinámica diferente, se dice que en principio tan valiosa es una teoría como otra, que todas han de ser consideradas, y que no hay que desdeñar de antemano ninguna.

Sin embargo, pese a haber superado el monopolio explicativo, la situación no ha mejorado, el planteamiento fundamental de estas posturas, la del pensamiento débil o la de la hermenéutica, se quedan con una metodología sencilla, pero en la práctica los resultados son igual o más descorazonadores que los anteriores. El hombre se siente perdido sin una teoría clara que le ayude a comprender su mundo, pero a la hora de la verdad, cuando llega ese momento, cuando surge cualquier acontecimiento que inquiere una respuesta que supere la perplejidad, no se encuentra otra cosa que la frustración al ver totalmente defraudadas las esperanzas de comprender mínimamente lo que sucede. Pero se siente igualmente desorientado con una infinidad de teorías que le sugieren explicaciones diferentes, de distinto signo, contrarias las unas a las otras, y que le sumen en una nebulosa aún mayor que las anteriores posturas más sencillas y globales. Es realmente difícil saber qué es peor, si una u otra manera de enfrentar los problemas teóricos que la realidad social le están planteando continuamente. Frente a las reglas generales del dogmatismo teórico, el pensamiento débil se abona a las excepciones, a los casos concretos, al particularismo, a la pura casuística, no siendo capaz de dar cuenta de ella. Ahora tenemos tantas posturas como teóricos, hay tantas opiniones que el esfuerzo en que se ve embarcado cualquier intelectual o profano que se acerca a cualquier tema es el de una saturación de información contrapuesta, de tesis y antítesis que sostienen lo contrario con total legitimidad, y que ciertamente ayudan poco a mejorar el grado de conocimiento de esa realidad.

Experiencia y recuerdo, el conocimiento acumulado
18/3/2015

El conocimiento acumulado y la memoria del mismo resultan fundamentales para dar cuenta de la historia humana. El hombre funciona tanto individual como socialmente sobre la base de una serie de experiencias vitales que siguen el procedimiento de ensayo y error, y que marcan su pasado, su presente y su futuro. Ante cualquier situación conflictiva se produce un intento de resolverla de la forma más satisfactoria, si esa solución resulta aceptable se incorpora a lo que constituye un continente de respuestas que se reproducirá cuando vuelva a ser necesario. En el momento en que surja una nueva cuestión, un nuevo problema o las respuestas existentes ya no resulten admisibles, y alguien ofrezca otra posibilidad mejor y no haya otras fuerzas opuestas que lleven a su rechazo, esa respuesta acabará por imponerse. De ese procedimiento individual y social guardamos la debida memoria, acumulamos ese conocimiento y lo ponemos en práctica cuando es necesario.

Esto ocurre con la ciencia, con los sistemas de organización social, etc. Como todos los procesos mentales, esa memoria requiere unas condiciones propicias para su desarrollo y mantenimiento y está sometida al efecto de múltiples factores que mejoran o anulan su despliegue. El olvido o el no ejercicio de esos conocimientos son aspectos muy importantes que explicarían fenómenos como por ejemplo el de la vuelta atrás en el desarrollo científico. De todos modos, el olvido y el mantenimiento del recuerdo histórico siempre son parciales, pueden ser avivados o apagados por el efecto de muchos elementos, pero son de trascendental importancia para la vida individual y social de los sujetos.

Dentro de la acumulación de conocimientos intervienen diferentes factores como elementos potenciadores, atenuantes o inhibidores. Hay que tener en cuenta que si ese conocimiento tiene lugar entre una determinada elite intelectual muy concreta, si no se le da oportunidad de difusión, puede caer fácilmente en el olvido. Mucho dependerá de que haya una continuidad histórica o no entre el hábitat en el que ocurrió el descubrimiento y el que le suceda. Por ejemplo, el mundo de los griegos tuvo una continuidad natural en el de los romanos, de hecho coexistieron ambos dominios durante mucho tiempo, y no hay que olvidar que en Sicilia y en el Sur de la península italiana se creó la que fue conocida durante mucho tiempo como la Magna Grecia. Pues bien, se produjo una sucesión pacífica de ambos mundos, los romanos se consideraban deudores de los griegos, a los que veían como maestros insuperables en muchos aspectos de su cultura, llegando a incorporar de buen grado algo tan personal y propio como eran sus dioses, con sus propiedades y características, aunque traduciendo sus denominaciones. Los romanos asumieron en buena parte las principales y valiosas aportaciones de los griegos, la utilizaron en lo que de importante contribución tuvo y además añadieron otros elementos nuevos y excepcionales al conjunto de la cultura de Occidente. Así hay que reconocer al genio de los romanos sus importantes construcciones arquitectónicas, que han llegado hasta nosotros y su extraordinaria capacidad organizativa para conquistar y administrar tan vasto imperio, en este sentido es de destacar su contribución al arte de la guerra, a los transportes, a la navegación, a la agricultura, a la ingeniería en todos sus órdenes, a la política y al derecho, a la unificación lingüística, al mundo del ocio y de los espectáculos, etc. De todos modos, es preciso tener en cuenta que también el espíritu de los pueblos, como el conjunto de su cultura, de sus costumbres, de su idiosincrasia, es un aspecto muy importante en esa acumulación y recepción del conocimiento, aunque resulta poco menos que imposible separar el componente externo y el interno en el protagonismo de esa recepción y asunción cognitiva.

Como hemos mencionado anteriormente, se han dado casos en que a una época de gran esplendor le ha seguido otra u otras de gran oscurantismo. Así es preciso traer aquí a colación de nuevo el supuesto en que tras el periodo greco-romano aconteció la Edad Media, tan gris en mayoritaria opinión, y que supuso un paso atrás en muchos de los procesos científicos que se habían producido antes, aunque hoy no está exenta esta idea de una profunda revisión. Numerosas teorías han intentado aclarar ese fenómeno "inexplicable". Una de las más socorridas ha sido la de la influencia negativa del cristianismo, aunque destacados especialistas (B. Farrington) no la acojan. Sin un mayor desarrollo sobre esta cuestión, creemos que quizás el hecho de que los pueblos sucesores fueran tan desconocedores de esa cultura greco-romana y carecieran de elementos y predisposición para asumir todo ese brillante conjunto de datos y experiencias, alumbradas por una elite extraordinaria de intelectuales, pero sin una profunda implantación en los modos de vida del pueblo, pudiera ser el responsable de esa caída en el olvido de toda una información que sería retomada de una manera tan productiva en el Renacimiento.

De todos modos, así como un mismo o similar hecho influye de forma diferente según las circunstancias de edad, o de experiencias previas a lo largo de la vida de una persona, creemos que un mismo hecho o fenómeno social tiene una diferente repercusión y acogida en la sociedad, en función de su madurez, de sus experiencias inmediatas y anteriores, del recuerdo que aún conserve de los mismos, y de otros muchos factores, en gran medida difíciles de medir y evaluar. Esto por lo que se refiere a un mismo sujeto o individuo, por tanto, si consideramos la influencia de un mismo o similares hechos o fenómenos sociales en diferentes individuos, podemos dar por hecho que los efectos serán más dispares.

Asimismo es necesario tener en cuenta que hay hechos o fenómenos que por su propia naturaleza tienden a generar una mayor homogeneidad e igualdad en las respuestas. En particular nos queremos referir a los instrumentos técnicos. Evidentemente la reacción ante un hecho de este tipo es totalmente diferente a la que se produce ante una determinada costumbre social, un hecho cultural que se trata de implantar en otra cultura, etc. Las máquinas tienen la particularidad de implicar (por su "simplicidad", pese a que nos puedan parecer "muy complejas") una respuesta muy uniforme, casi idéntica, porque, entre otras razones, si no es así no funcionarían. Si llenamos el espacio vital de los individuos de máquinas, nos encontramos con una gran uniformidad, al menos en cuanto a sus conductas externas, con independencia del sentimiento que experimenten ante la interrelación con esos artefactos y aunque con el tiempo esas diferencias de sentimiento seguramente también irán reduciéndose.

Principal periodo de configuración 22/3/2015

Al analizar muchos de los fenómenos o instituciones sociales, observamos que su historia aparece conformada por una sucesión de periodos o etapas, en las que con frecuencia encontramos un momento o unos pocos, en que ha tenido lugar la consolidación de las notas fundamentales, en tanto que en otros momentos se ha ido completando o añadiendo aspectos, a veces integradores, a veces desintegradores del mismo.

Así, si nos referimos, por ejemplo al Derecho, comprobamos cómo en Roma sucede uno de los hitos históricos fundamentales, en el que en gran medida tiene lugar la cristalización principal del fenómeno tal como hoy se muestra, aunque en otros periodos se hayan producido modificaciones o añadidos importantes, como los del derecho germánico y otras aportaciones que le han hecho tener las propiedades que hoy presenta. En la actualidad el Derecho muestra nuevas facetas en las que está alcanzando un contenido más complejo, más detallado, fruto sobre todo de la complejidad y cantidad de elementos técnicos que operan en nuestra sociedad, y de la universalización de las relaciones que por esos mismos motivos suceden. Sin embargo, los objetivos de las normas, su carácter escrito, su sentido de la justicia, son básicamente los mismos que de una forma tan completa se dieron en Roma, aunque desde el principio de nuestra información histórica disponemos de datos relativos a la existencia de normas reguladoras de la vida social. Si tomamos otros ejemplos, como el teatro, la arquitectura, la pintura, la música, el deporte, la medicina, la democracia, la religión, la tecnología, la organización estatal, etc., observamos que en muchos casos podemos hablar de un

229

periodo principal o de unos pocos, en que se manifiestan las notas principales de los mismos y otras épocas en que apenas se producen aportaciones significativas.

Hay otros fenómenos o hechos sociales que mantienen una indefinición más elevada en cuanto al conjunto de notas que les son propias, por ejemplo cuando nos referimos a la delincuencia, a la guerra, a la pobreza, a la explotación, a la educación, a la igualdad, etc. continuamente se constata su existencia y su carácter permanente. Así, respecto a la delincuencia, las formas de la misma siempre mantienen unas similares notas de búsqueda de objetivos de satisfacción personal sin atenerse a las leyes formales establecidas, y su desarrollo dependerá de los medios o posibilidades que el sistema coactivo legal les permita. Estamos pues ante una constante derivada de la propia naturaleza humana, que tiende a desarrollar todas sus posibilidades. La transgresión está eternamente ligada a la propia naturaleza del hombre, que continúa manifestando esa conducta en su vida social.

Si analizamos otras cuestiones, como la igualdad, podemos comprobar que, desde un punto de vista formal, ha tenido varios momentos en los que ha ido ganando terreno a la desigualdad, y ese desarrollo ha ido muy parejo, en nuestra opinión, a otros factores, como por ejemplo el desarrollo tecnológico. A medida que la técnica ha permitido que la fuerza física sea menos determinante en las relaciones sociales, la igualdad ha comenzado a predicarse también respecto a las mujeres, aunque subsistan casos de desigualdades, sustentadas en razones religiosas, ideológicas o culturales (por cierto, que estos supuestos contradicen claramente teorías materialistas, como las de Marx, y permiten comprobar que la ideología, en este caso la religión, opera como un factor que impide el desarrollo de las consecuencias de un factor material, económico, como es el del desarrollo tecnológico). Otra cosa es la desigualdad material, real de los distintos individuos en el mundo. La situación en cuanto a pobreza, injusticia, discriminación sexual, generacional, etc. es igual o más fuerte que en otras épocas. Es terrible, no sólo entre diferentes estados, sino dentro de un mismo estado. Y las oportunidades económicas, culturales y laborales son enormemente diferentes entre individuos de una misma sociedad, y por supuesto entre los de distintas sociedades. Se han consagrado algunas notas de igualdad formal, que palían un poco las situaciones más graves de esa desigualdad, pero creemos que ésta siempre ha existido y siempre existirá.

Este periodo principal de configuración puede plantear una serie de cuestiones, entre ellas no es de menor importancia la que trate de explicar por qué tiene lugar ese hecho, es decir el de ese momento especial en que se configura y singulariza un fenómeno que ha de perdurar tanto tiempo. Habrán de ser los historiadores los que analicen bajo esa óptica dichos periodos y traten de responder a ellas. Algunos ya apuntan al genio de todos o determinados individuos dentro de ese grupo, y que han tenido la suficiente lucidez y energía como para llegar a implantar sus ideas o propuestas, sin dejar de aludir al clima social, político, cultural, etc. propicio para tales acontecimientos.

Queremos referirnos a algunos aspectos que pueden llamar poderosamente la atención si damos por válidas las premisas de las que parte esta concepción social. ¿Hasta qué punto un fenómeno es inevitable históricamente? ¿Cualquiera de las

231

manifestaciones sociales que actualmente contemplamos existiría igualmente de no ser por la existencia de ese o de esos periodos principales de configuración? En otros términos, ¿los hechos sociales son inevitables? La dificultad de contestar a este tipo de cuestiones es evidente, y el determinismo social no goza de excesivo predicamento teórico. Sin embargo, creemos oportuno aventurar al respecto algunas previsiones, ciertamente arriesgadas. Entendemos que todas aquellas manifestaciones sociales, ya sean de tipo organizativo, de tipo cultural, que sean consecuencia directa de la transposición social de aspectos individuales universales, son inevitables, y si no aparecen en un momento determinado históricamente, lo harán en otro. Al igual que ocurre con el nacimiento de los seres vivos, la gestación lleva inevitablemente al nacimiento, aunque puede haber casos en que este momento se adelante o se retrase, pero lo absolutamente natural es el parto, y lo excepcional es el aborto. Dentro de lo desafortunadas que resultan habitualmente las comparaciones, también en este caso cabe preguntar si ese aborto social puede impedir para siempre la eclosión de una manifestación social de esa naturaleza. Sin embargo, intentando salvar los términos comparativos planteados, en este caso hemos de precisar que en la sociedad, la "eclosión" es un procedimiento harto inusual, "lo normal", desde nuestro punto de vista, es la universal existencia desde siempre de las mismos o muy similares elementos. Si se permite la antigua forma de expresión aristotélica, existirían en potencia todos ellos, pero se transformarían en acto, en nuestra opinión mejor sería decir, que se mostrarían, se evidenciarían en determinados momentos, pero siempre habría existido su germen. Pensemos, por ejemplo, en la ciencia: los deseos humanos de mejorar, de ir a más, la curiosidad por saber nuevas cosas, por profundizar en el dominio de la naturaleza, de luchar contra los demás seres

232

vivos, su mismo instinto de supervivencia le habría llevado siempre al hombre a determinados planteamientos que evidentemente ya tienen en sí mismos los elementos fundamentales de lo que es la actual actividad científica. Otros aspectos se fueron definiendo posteriormente: el método científico propiamente dicho, la profesionalización de los científicos, el empeño comunitario por la ciencia, la dotación de recursos, el entronque de la ciencia en los sistemas productivos, en la economía, en la guerra, en los sistemas de salud, ha ido consolidándose en otros momentos históricos, aunque atisbos de los mismos podemos encontrar en numerosas ocasiones, y las diferencias que hoy nos parecen tan grandes entre los estados de las cosas en el presente y en el pasado más remoto, normalmente son consecuencia directa de la acumulación de tecnologías disponibles por el hombre, que va mejorando las existentes, y por las consecuencias que ello produce sobre la demografía, sobre la productividad, etc

No al exclusivismo teórico   7/4/2015

Fundamentalmente resultan de difícil acomodo aquellos aspectos teóricos que proclaman la exclusividad explicativa. Cuando el marxismo se tiene por el único camino para dar cuenta de la realidad es rechazable; esa pretensión de verdad única es inadmisible porque es excesivamente simplista y no refleja lo que ocurre.

La realidad es multiforme, el marxismo es útil para captar determinados aspectos de esa realidad plural, pero si nos quedamos sólo en eso, perderíamos otras numerosas consideraciones que también son muy valiosas, lo mismo ocurre con otras muchas teorías, que adolecen de un enfoque muy limitado.

Hemos citado al marxismo por su reciente significación, pero la mayoría de las teorías sociales formuladas hasta la fecha acerca del hombre y la sociedad son válidas, en la medida que reflejan, en mayor o menor medida, aspectos importantes, e incluso cuando su aportación la podamos tener por errónea o equivocada, incluso en ese caso ha supuesto un hito que ha permitido el desarrollo de otros más acertados. Si, por ejemplo, en relación con la cuestión religiosa, traemos a colación la opinión de S. Agustín, por referirnos a un punto de vista "antiguo" y hoy tenido por radical, especialmente en la supeditación de la razón a la fe, que actualmente en Occidente tenemos por inaceptable (aunque en otras culturas, como la islámica, sea un fundamento importante), dicha postura ha sido objeto de una crítica en base a planteamientos "racionales", por

234

Sto. Tomas primero, y posteriormente por una corriente desvinculadora de razón y fe. De todos modos, ese punto de vista agustiniano aún hoy sigue vigente en multitud de personas, que consideran su credo religioso como el motor principal de sus vidas, y entre fe y razón optan por la primera o, en un plano más desacralizado, pero igualmente equiparable, entre razón y sinrazón, optan por la segunda. En cualquier caso es harto complejo el deslinde entre razón y lo que no lo es, puesto que lo que desde una consideración general se ve como no razonable, desde una óptica individual puede ser completamente racional, a la luz de las circunstancias personales del sujeto. Por tanto, hemos de ser muy cautos y reticentes a la hora de excluir, de privar de validez una teoría o una opinión respecto a una cuestión social, porque seguro que tendrá su papel, aportará algo de valor a la concepción general del fenómeno o hecho considerado. Siguiendo con el mismo supuesto religioso, y remontándonos aún más en el tiempo, al politeísmo, que hoy tenemos por caprichoso o infundado, incluso en este supuesto extremo resulta muy relevante para nuestro propósito acercarnos a ese modo de tratar el hecho, puesto que nos permite descubrirlo en carne viva, en los primeros estadios observables de esas manifestaciones religiosas, de una manera más sencilla, mas auténtica si se quiere, sin una mediación teórica cada vez más compleja y, por otra parte, nos ayuda a comprender otras expresiones actuales de distinta apariencia, pero de naturaleza similar, como por ejemplo la superstición u otros supuestos semejantes.

La auténtica actualidad

La auténtica realidad, la más reciente, pero también la permanente y eterna, la integran las experiencias, preguntas y respuestas relacionadas con los temas que a título de ejemplo se indican a continuación. Lejos de estar de actualidad únicamente los mínimos aspectos que se ponen de manifiesto a través de los medios de comunicación, la realidad incluye todas las innumerables y variadas circunstancias, de muy distinto signo, que constantemente están ocurriendo en nuestras vidas y en las de los demás, y que tienen que ver en mayor o menor medida con las materias que se citan. Aunque ciertamente de interés, la "actualidad mediática" no debería hacernos perder de vista la "auténtica actualidad", puesto que ello nos podría llevar a ignorar o tergiversar la verdadera perspectiva de lo que realmente está pasando y de lo que nos está pasando a nosotros mismos, en primera persona.

GUERRA:
HAMBRE:
ENFERMEDAD:
DESIGUALDAD:
POBREZA:
INJUSTICIA:
AMOR:
ODIO:
JUSTICIA:
IGUALDAD:
SATISFACCIÓN:
FELICIDAD:
SUFRIMIENTO:
CORRUPCIÓN:

HONESTIDAD:
BELLEZA Y EXPERIENCIA ESTÉTICA:
ENTREGA DESINTERESADA:
PLACER:
RIQUEZA:
ORGANIZACIÓN POLÍTICA:
LUCHAS DE PODER POLÍTICO:
HEGEMONÍA ECONÓMICA:
HEGEMONÍA MUNDIAL:
DELINCUENCIA:
RELIGIONES:
EL PASADO Y LA HISTORIA:
EL FUTURO:
MODAS:
INFORMACIÓN Y MEDIOS DE COMUNICACIÓN:
ENGAÑO:
IDEOLOGÍAS:
OCIO:
TRABAJO:
EXPLOTACIÓN Y ABUSO:
CULTURA:
EDUCACIÓN:
SALUD:
CALIDAD DE VIDA:
BIENESTAR Y SEGURIDAD SOCIAL:
FAMA:
NACIMIENTO Y MUERTE:
EL MÁS ALLÁ:
DEMOGRAFÍA:
PLANETA TIERRA:
ESCASEZ DE RECURSOS:
EXCESO DE RECURSOS:

LA INFANCIA:
LOS JÓVENES:
LOS HOMBRES:
LAS MUJERES:
LA VEJEZ:
LA FAMILIA:
RELACIONES FAMILIARES:
AMISTAD:
LAS NUEVAS TECNOLOGÍAS:
LOS TRANSPORTES:
LA CIENCIA:
LAS DISCIPLINAS HUMANAS:
LOS CIENTÍFICOS E INTELECTUALES:
LOS ESTADOS:
LAS CORPORACIONES:
LAS ETNIAS:
LOS NACIONALISMOS:
EL PUEBLO:
LA ESTRATIFICACIÓN SOCIAL:
LO REAL Y LO APARENTE:
EXPERIENCIA INDIVIDUAL Y SOCIAL:
EL MITO DEL CAMBIO SOCIAL:
ETC.:

BIBLIOGRAFÍA

Se recogen aquí una serie de obras y manuales de carácter interdisciplinar que abarcan aspectos metodológicos o de contenido relativos a las disciplinas humanas. Es muy diverso su alcance y significación en los campos a que se refieren (filosofía, sociología, psicología, antropología, economía, derecho, artes, etc.), y muy distantes a veces sus puntos de vista, pero conforman un conjunto, ciertamente heterogéneo, que permite abordar con una mentalidad amplia muchos de los temas tratados en este blog. Se trata de una bibliografía genérica, que puede ir desarrollándose con otra más específica a medida que se concreten determinados ámbitos de análisis.

ARIÑO, Antonio. (1997). *Sociología de la cultura: la constitución simbólica de la sociedad.* Barcelona, Ariel.
ARON, Raymond. (1966). *La lucha de clases.* Barcelona, Seix Barral.
BACON, F. (1961). *Novum organum.* Buenos Aires. Losada.
BAUDRILLARD, Jean. (1978). *Cultura y simulacro.* Barcelona, Kairós.
BAUMAN, Zygmunt. (2002). *Modernidad líquida.* Madrid, Fondo de Cultura Económica.
BECK, Ulrich. (1998) *La sociedad del riesgo: hacia una nueva modernidad.* Barcelona, Paidós Ibérica.
--- (1998) *¿Qué es la globalización?: falacias del globalismo, respuestas a la globalización.* Barcelona, Paidós.
BELL, Daniel. (1964) *El fin de las ideologías.* Madrid, Tecnos.
--- (1976) *El advenimiento de la sociedad post-industrial: un intento de prognosis social.* Madrid, Alianza.

BERGER, Peter L. y LUCKMANN, Thomas. (2003). *La construcción social de la realidad.* Buenos Aires, Amorrortu.

BOAS, Franz. (1965). *The mind of primitive man.* London, Collier MacMillan Publishers.

--- (1966). *Race, language and culture.* London, Collier MacMillan Publishers.

BOBBIO, N. (1974). *Politica e cultura.* Torino, Giulio Einaudi.

BRAUDEL, Fernand. (1993). *El Mediterráneo y el mundo mediterráneo en la época de Felipe II.* Madrid, Fondo de Cultura Económica.

BRETON CONNELLY, Joan. (2014). *The Parthenon Enigma.* London, Head of Zeus.

BUENO, Gustavo. (2004). *Panfleto contra la democracia realmente existente.* Madrid, La Esfera de los Libros.

BURCKHARDT, Jacob. (1974-75). *Historia de la cultura griega.* Barcelona, Iberia.

CARCOPINO, Jérôme. (1983). *La vie quotidienne à Rome à l'apogée de l'Empire.* Paris, Hachette.

CASTELLS, Manuel. (1997-1998) *La era de la Información: economía sociedad y cultura.* 3 Vols. Madrid, Alianza.

--- (2003) *La Galaxia Internet.* Barcelona, Plaza&Janés.

CHOMSKY, N. (1976). *Aspectos de la teoría de la sintaxis.* Madrid, Aguilar.

--- (1984). *Estructuras sintácticas.* México, Siglo Veintiuno.

CORTINA, Adela. (1997). *Ciudadanos del mundo: hacia una teoría de la ciudadanía.* Madrid, Alianza.

DAHRENDORF, Ralf. (1962). *Las clases sociales y su conflicto en la sociedad industrial.* Madrid, Rialp.

DARWIN, Charles. (1983). *El origen de las especies.* Madrid, Sarpe.

DESCARTES, René. (1973). *Meditaciones metafísicas.* Buenos Aires, Aguilar.

--- (1974). *El discurso del método.* Madrid, Revista de Occidente.

DURKHEIM, E. *De la división del trabajo social.* Buenos Aires, Schapire, 1973.

--- (1992). *Las formas elementales de la vida religiosa: el sistema totémico en Australia.* Madrid, Akal.

EISENSTADT, S.N. (1970). *Ensayos sobre el cambio social y la modernización.* Madrid, Tecnos.

ELIADE, Mircea. (1978-1983). *Historia de las creencias y de las ideas religiosas.* Madrid, Cristiandad.

ELSTER, Jon. (1991). *Tuercas y tornillos: una introducción a los conceptos básicos de las ciencias sociales.* Barcelona, Gedisa.

ETZIONI, A. y E. (1968) *Los cambios sociales.* México, Fondo de Cultura Económica, 1968.

ETZIONI, A. (2001). *La tercera vía hacia una buena sociedad: propuestas desde el comunitarismo.* Madrid, Trotta.

EVANS-PRICHARD, E.E. (1957). *Antropología social.* Buenos Aires, Nueva Visión.

--- (1976). *Brujería, magia y oráculos entre los azande.* Barcelona, Anagrama.

FARRINGTON, B. (1972). *Ciencia y filosofía en la antigüedad.* Barcelona, Ariel.

--- (1973). *Ciencia y política en el mundo antiguo.* Madrid, Ayuso.

FEYERABEND, Paul K. (1974). *Contra el método: esquema de una teoría anarquista del conocimiento.* Barcelona, Ariel.

FRIEDMAN, M. (1966). *Capitalismo y libertad.* Madrid, Rialp.

--- (1982). *Friedman contra Galbraith.* Madrid, Unión Editorial.

FUKUYAMA, Francis. (1992) *El fin de la Historia y el último hombre.* Barcelona, Planeta.

GADAMER, Hans-Georg. (1992). *Verdad y método.* Salamanca, Sígueme.

GALBRAITH, J.K. (1972). *El capitalismo americano: el concepto del poder compensador.* Barcelona, Ariel.

GARCÍA FERRANDO, M. y otros. (2000) *El análisis de la realidad social: métodos y técnicas de investigación.* Madrid, Alianza.

GARFINKEL, Harold. (2006). *Estudios en etnometodología.* Barcelona, Anthropos.

GEERTZ, Clifford. (1988). *La interpretación de las culturas.* Barcelona, Gedisa.

GELLNER, Ernst. (1988). *Naciones y nacionalismo.* Madrid, Alianza Editorial.

GIDDENS, Anthony. (1995). *La constitución de la sociedad: bases para la teoría de la estructuración.* Buenos Aires, Amorrortu.

--- (1998). *Sociología.* Madrid, Alianza Editorial.

GIEDION, Sigfried. (1981) *El presente eterno: los comienzos del arte: una aportación al tema de la constancia y el cambio.* Madrid, Alianza.

--- (1981) *El presente eterno: los comienzos de la arquitectura: una aportación al tema de la constancia y el cambio.* Madrid, Alianza.

GOMBRICH, E. H. (1997) *La Historia del Arte.* Madrid, Debate.

HABERMAS, Jürgen. (2010). *Teoría de la acción comunitactiva.* Vols I y II. Madrid, Trotta.

HAN, Byung-Chul. (2012). *La sociedad del cansancio.* Barcelona, Herder.

--- (2013). *La sociedad de la transparencia.* Barcelona, Herder.

--- (2014). *La agonía del Eros.* Barcelona, Herder.

HARRIS, Marvin. (1978). *El desarrollo de la teoría antropológica: historia de las teorías de la cultura.* Madrid, Siglo Veintiuno de España.

--- (1987*). El materialismo cultural.* Madrid, Alianza.

--- (1993). *Introducción a la antropología general.* Madrid, Madrid, Alianza.

HEGEL, Georg Wilhelm Friedrich. (1974). *Ciencia de la lógica.* Buenos Aires, Solar.

--- (1993). *Fenomenología del espíritu.* México, Fondo de Cultura Económico.

HOBSBAWM, E. J. (1992*). Naciones y nacionalismo desde 1780.* Barcelona, Editorial Crítica.

HUIZINGA, Johan. (1990). *Homo ludens.*Madrid, Alianza Editorial.

HUNTINGTON, Samuel P. (1997) *El choque de civilizaciones y la reconfiguración del orden mundial.* Barcelona, Paidós.

IHERING, R. (1985). *La lucha por el derecho.* Madrid, Civitas

INGLEHART, Ronald. (1999). *Modernización y posmodernización: El cambio cultural, económico y político en 43 sociedades.* Madrid, Siglo XXI de España.

KANT, Immanuel. (1989). *Crítica de la razón pura.* Madrid, Alfaguara.

KELSEN, H. (1979). *Teoría pura del derecho.* México, Universidad Nacional Autónoma de México.

KEYNES, J. M. (1970). **Teoría general de la ocupación, el interés y el dinero. México, Fondo de Cultura Económica.**

KUHN, Thomas S. (1971). *La estructura de las revoluciones científicas.* México, Fondo de Cultura Económica.

LAKATOS, Imre. (2007). *Escritos filosóficos, 1: La metodología de los programas de investigación.* Madrid, Alianza Editorial.

LAZARSFELD, Paul y BOUDON, Raymond.(1979). *Metodología de las ciencias sociales.* Barcelona, Laia.

LAZARSFELD, Paul y KATZ, E. (1979). *La influencia personal: el individuo en el proceso de comunicación de masas.* Barcelona, Hispano Europea.

LÉVI-STRAUSS, Claude. (1985). *Las estructuras elementales del parentesco.* Barcelona, Planeta-De Agostini.

MALINOWSKI, Bronislaw. (1973). *Los argonautas del Pacífico occidental: un estudio sobre comercio y aventura entre los indígenas de los archipiélagos de la Nueva Guinea.* Barcelona, Península.

MALTHUS, T. R. (1951). *Ensayo sobre el principio de la población.* México, Fondo de Cultura Económica.

MANDEVILLE, Bernard. (1997). *La fábula de las abejas o los vicios privados hacen la prosperidad pública.* Madrid, Fondo de Cultura Económica.

MAQUIAVELO, Nicolás. (1988). *El príncipe.* Madrid, Tecnos.

MARCUSE, Herbert. (1972). *El hombre unidimensional.* Barcelona, Seix Barral.

--- (1976). *Eros y civilización.* Barcelona, Seix Barral.

MARTÍNEZ FERNÁNDEZ, José Antonio. (2014) *"Permanencia vs. cambio" (El mito del cambio social - I).* Almería, Círculo rojo. (también e-book en Amazón).

MARTÍNEZ VEIGA, Ubaldo. (1990). *Antropología económica: conceptos, teorías y debates.* Barcelona, Icaria.

--- (2013). *Historia de la antropología. Formaciones socioeconómicas y praxis antropológicas. Teorías e ideologías.* Madrid, Uned.

MARX, Karl. (1971). *El 18 Brumario de Luis Bonaparte.* Barcelona, Ariel.

--- (1975-1977). *El Capital: crítica de la economía política.* Madrid, Siglo XXI.

MARX, Karl y ENGELS, Friedrich. (1981). *Manifiesto del Partido Comunista.* México, Editores Mexicanos Unidos.

MASUDA, Yoneji. (1984). *La sociedad de la información como sociedad post-industrial.* Madrid, Tecnos.

McLUHAN, Marshall. (1969). *La galaxia Gutenberg.* Madrid, Aguilar.

--- (1987). *El medio es el mensaje: un inventario de efectos.* Barcelona, Paidós.

--- (1990). *La aldea global: transformaciones en la vida y los medios de comunicación mundiales en el siglo XXI.* Madrid, Gedisa.

MEAD, Margaret. (1990). *Adolescencia y cultura en Samoa.* Barcelona, Paidós.

MOMMSEN, Theodor. (2003). *Historia de Roma.* Madrid, Turner.

MONTANELLI, Indro. (1961). *Historia de los griegos.* Barcelona, Plaza y Janés.

--- (1961). *Historia de Roma.* Barcelona, Plaza y Janés.

MONTESQUIEU, Charles de Secondat, barón de. (1985). *Del espíritu de las leyes.* Barcelona, Orbis.

MYRDAL, G. (1967). *El elemento político en el desarrollo de la teoría económica.* Madrid, Gredos.

NEGROPONTE, Nicholas. (2000). *El mundo digital.* Barcelona, Ediciones B.

NISBET, Robert A. (1991). *Historia de la idea de progreso.* Barcelona, Gedisa.

NORA, Simon. y MINC, Alain. (1980). *La informatización de la Sociedad.* Madrid, Fondo de Cultura Económica.

OGBURN, William F. (1966). *Sociología.* Madrid, Aguilar.

ORTEGA Y GASSET, José. (1957). *Meditaciones del Quijote.* Madrid, Revista de Occidente.

--- (1976). *El tema de nuestro tiempo: el ocaso de las revoluciones, el sentido histórico de la teoría de Einstein, ni vitalismo ni racionalismo.* Madrid, Revista de Occidente.

PÉREZ ADÁN, J. (2006). *Sociología: comprender la humanidad en el siglo XXI.* Madrid, Eiunsa.

PIAGET, J. (1979). *Psicología y epistemología.* Barcelona, Ariel.

--- (1969). *Psicología y pedagogía.* Barcelona, Ariel.

PICÓ, Josep y SANCHIS, Enric. (1996). *Sociología y sociedad.* Madrid, Tecnos.

POPPER, Kart R. (1994). *La sociedad abierta y sus enemigos.* Barcelona, Paidós.

--- (1973). *La miseria del historicismo.* Madrid, Taurus: Alianza.

PRIETO TEJEIRO, Enrique et al. (2005). *Historia económica: lecturas y materiales.* Madrid, Dykinson.

PUFENDORF, S. (1989). *Le droit de la nature et des gens.* Caen, Université de Caen.

REICH, Wilhelm. (1968**). *La revolution sexuelle: pour une autonomie caractérielle de l'homme.* Paris, Plon.**

--- (1972). *La psicología de masas del fascismo.* Madrid, Ayuso.

RIFKIN, Jeremy (1996) *El fin del trabajo: nuevas tecnologías contra puestos de trabajo: el nacimiento de una nueva era.* Barcelona, Paidós.

--- (1999) *El siglo de la biotecnología: el comercio genético y el nacimiento de un mundo feliz.* Barcelona, Crítica.

--- (2000). *La era del acceso: la revolución de la nueva economía.* Barcelona, Paidós Ibérica.

--- (2000) *La economía del hidrógeno: La creación de la red energética mundial y la redistribución del poder en la tierra.* Barcelona, Paidós.

RITZER, George. (1993). *Teoría sociológica contemporánea.* México, McGraw-Hill.

--- (1997). *Teoría sociológica clásica.* Madrid, McGraw-Hill.

ROCHER, Guy. (1977). *Introducción a la sociología general.* Barcelona, Herder.

ROTHBARD, Murray. (2013). *Hacia una nueva libertad: El Manifiesto Libertario.* Madrid, Unión Editorial.

SAHLINS, Marshall. (1983). *Economía de la Edad de Piedra.* Madrid, Akal.

SARTORI, Giovanni. (1988). *Teoría de la democracia.* Madrid, Alianza.

--- (2003). *¿Qué es la democracia?* Madrid, Taurus.

SAUSSURE, Ferdinand de. (1987). *Curso de lingüística general.* Madrid, Alianza.

SCHUMPETER, J. A. (1984). *Capitalismo, socialismo y democracia.* Barcelona, Folio.

SMITH, Anthony D. (2004). *Nacionalismo: teoría, ideología, historia.* Madrid, Alianza Editorial.

SOMBART, W. (1962). ***The jews and modern capitalism.*** **New York, Collier Books.**

SPENGLER, Oswald. (1923-1932). *La decadencia de Occidente: bosquejo de una morfología de la historia universal.* Madrid, Calpe.

TERCEIRO, José B. (1996). *Sociedad digital: Del homo sapiens al homo digitalis.* Madrid, Alianza Editorial.

TERRÓN, Eloy. (1969). *Sociedad e ideología en los orígenes de la España contemporánea*. Barcelona, Edicions 62.

TOCQUEVILLE, Alexis de. (1985). *La democracia en América*. Barcelona, Orbis.

TOFFLER, Alvin. (1982) *La tercera ola*. Barcelona, Plaza&Janés.

TOURAINE, Alain. (1971) *La sociedad post-industrial*. Barcelona, Ariel.

--- (2005) *Un nuevo paradigma para comprender el mundo de hoy*. Barcelona, Paidós.

TOYNBEE, Arnold Joseph. (1951-1968). *Estudio de la Historia*. Madrid, Emecé.

VATTIMO, Gianni y Pier Aldo Rovatti, eds. (1995). *El pensamiento débil*. Madrid, Cátedra.

VICO, Giambattista. (1995). *Ciencia nueva*. Madrid, Tecnos.

WALLERSTEIN, Immanuel. (2007). *Abrir las ciencias sociales*. México, Siglo XXI.

--- (1999). *El moderno sistema mundial*. México, Siglo XXI.

WEBER, Max. (1944). *Economía y sociedad*. México, Fondo de Cultura Económica.

--- (1969). *La ética protestante y el espíritu del capitalismo*. Barcelona, Península.

--- (1978). *Sociología de la religión*. Buenos Aires, La Pléyade.

WITTGENSTEIN, Ludwig. (1987). *Tractatus logico-philosophicus*. Madrid, Alianza.

--- (1988). *Investigaciones filosóficas*. México, Instituto de Investigaciones Filosóficas.

www.ingramcontent.com/pod-product-compliance
Lightning Source LLC
Chambersburg PA
CBHW072245310526
45795CB00011B/98

* 9 7 8 1 5 1 2 3 4 4 0 0 4 *